シリーズ藩物語

秋田藩

渡辺英夫……著

現代書館

プロローグ

秋田藩物語

関ヶ原の戦いの結果、徳川家康により常陸五十四万石の所領を奪われ、石高も示されないまま出羽国への移封を命じられた佐竹氏の処遇は誰の目にも明らかな左遷だった。新領地となった秋田が、かつて佐竹氏の祖新羅三郎《しんらさぶろう》 源 義光《みなもとのよしみつ》が後三年合戦《ごさんねんかっせん》の折に兄の八幡太郎義家《はちまんたろうよしいえ》を助けて京より馳せ参じた地であることなど知る者は佐竹家臣の中にひとりもいなかった。

そこは京・大坂からも江戸からも遠く離れた僻遠《へきえん》の地だった。ところがそこは、金銀銅が眠る宝の山で、地上には秋田杉が生い茂る資源の宝庫だった。秋田藩が産出する金銀銅は幕府貨幣の原料となり、長崎貿易の輸出品となった。太閤秀吉《たいこうひでよし》に提供した天然杉はいまだ伐り尽くせないほど残っていた。二代藩主佐竹義隆《よしたか》が四代将軍徳川家綱《いえつな》から与えられた領知安堵状は出羽国二十万石だったが、横手盆地に美田が開かれ、実高は三十万石以上にも達した。

初代藩主佐竹義宣は当時窪田といった現在の秋田市に城下町を建設し領国統治の中心とした。やがて久保田と表記を改め、対外的に

藩という公国

江戸時代、日本には千に近い独立公国があった

江戸時代。徳川将軍家の下に、全国に三百諸侯《しょこう》★の大名家があった。ほかに寺領や社領、知行所《ちぎょうしょ》★をもつ旗本領《はたもとりょう》などを加えると数え切れないほどの独立公国があった。そのうち諸侯を何々家《け》家中《かちゅう》と称していた。家中は主君を中心に家臣が忠誠を誓い、強い連帯感で結びついていた。家臣の下には足軽《あしがる》層《そう》★がおり、全体の軍事力の維持と領民の統制をしていたのである。その家中を藩と後世の史家は呼んだ。

江戸時代に何々藩と公称することはまれで、明治以降の使用が多い。それは近代からみた江戸時代の大名の領域や支配機構を総称する歴史用語として使われた。その独立公国たる藩にはそれぞれ個性的な藩風《はんぷう》と自立した政治・経済・文化があった。幕藩体制とは歴史学者伊東多三郎《いとうたさぶろう》★氏の視点だが、まさに将軍家の諸侯の統制と各藩の地方分権が巧く組み合わされていた、連邦でもない奇妙な封建的国家体制であった。

今日に生き続ける藩意識

明治維新から百四十年以上経っているのに、今

は近くにあった古代の秋田城にちなんで秋田とよばれるようになる。
土崎《つちざき》と能代《のしろ》の両湊が開け、航路は南に北にと延びて海を介して各地に連なる地の利を得た。日本海の海運によって上方産物がもたらされ、江戸時代中ごろ以降は北前船《きたまえぶね》によって秋田の産物が北海道へと積極的に積み出されていった。さらに雄物川《おものがわ》と米代川《よねしろがわ》の水運がその流通網を領内各地へと張りめぐらした。上方文化の流入は、土崎神明社《しんめいしゃ》の曳山《ひきやま》行事にも、城下町久保田の山王祭《さんのうまつり》にも彩りを添え、小京都角館に京風文化を漂わせるところとなった。そこに生まれた小田野直武《おだのなおたけ》は八代藩主佐竹義敦《よしあつ》と共に秋田蘭画《あきたらんが》の花を開かせる。

だが一方で、領知高もわからないまま新領地を治めることになった佐竹氏は、家臣団を領内要地に駐留させ、占領軍のような形で統治を始めなければならなかった。これが藩の骨格を決定付け、家臣たちが知行地を直接支配し自ら年貢徴収に当たる旧態依然とした体制を幕末まで続けさせることにつながった。

最上《もがみ》氏が改易され、上杉《うえすぎ》氏も領地が半減されると、秋田藩は名実共に出羽国を代表する大藩となる。これを抑えるために配置されたのが譜代の重臣鶴岡《つるおか》藩酒井氏だったが、それが遠因となり戊辰《ぼしん》の内乱に際して秋田藩を難しい立場に追いやることになるのだった。

でも日本人に藩意識があるのはなぜだろうか。明治四年（一八七一）七月、明治新政府は廃藩置県《はいはんちけん》★を断行した。県を置いて、支配機構を変革し、今までの藩意識を改めようとしたのである。ところが、今でも、「あの人は薩摩藩の出身だ」とか、「我らは会津藩の出身だ」と言う。それは侍出身だけでなく、藩領出身も指しており、藩意識が県民意識をうわまわっているところさえある。むしろ、今でも藩対抗の意識が地方の歴史文化を動かしている。そう考えると、江戸時代に育まれた藩民意識が現代人にどのような影響を与え続けているのかを考える必要があるだろう。それは地方に住む人々の運命共同体としての藩の理性が今でも生きている証拠ではないかと思う。

藩の理性は、藩風とか、藩是《はんぜ》とか、ひいては藩主の家風ともいうべき家訓などで表されていた。

〔稲川明雄（本シリーズ『長岡藩』筆者）〕

諸侯▼江戸時代の大名。
知行所▼江戸時代の旗本が知行として与えられた土地。
足軽層▼足軽・中間・小者など。
伊東多三郎▼近世藩政史研究家。東京大学史料編纂所所長を務めた。
廃藩置県▼藩体制を解体する明治政府の政治改革。廃藩により全国は三府三〇二県となった。同年末には統廃合により三府七二県となった。

シリーズ藩物語

秋田藩

目次

第五章 幕末の秋田藩

出羽の大藩ゆえ秋田藩には要の役割が求められ、幕末維新の混乱に投げ込まれる。

これも秋田

藩所在地

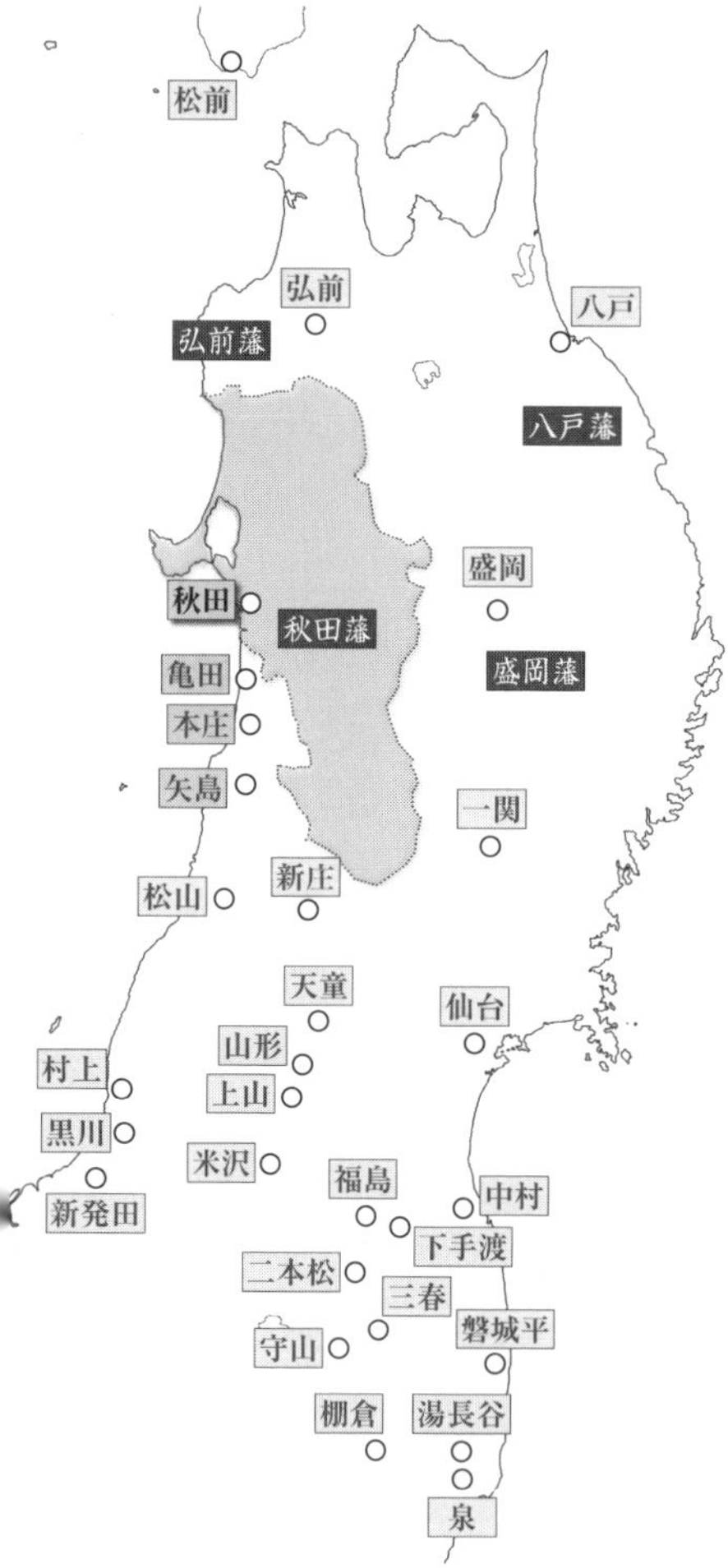
松前
弘前
弘前藩
八戸
八戸藩
秋田
秋田藩
盛岡
盛岡藩
亀田
本庄
矢島
一関
新庄
松山
天童
仙台
山形
上山
村上
黒川
米沢
新発田
福島
中村
下手渡
二本松
三春
磐城平
守山
棚倉
湯長谷
泉

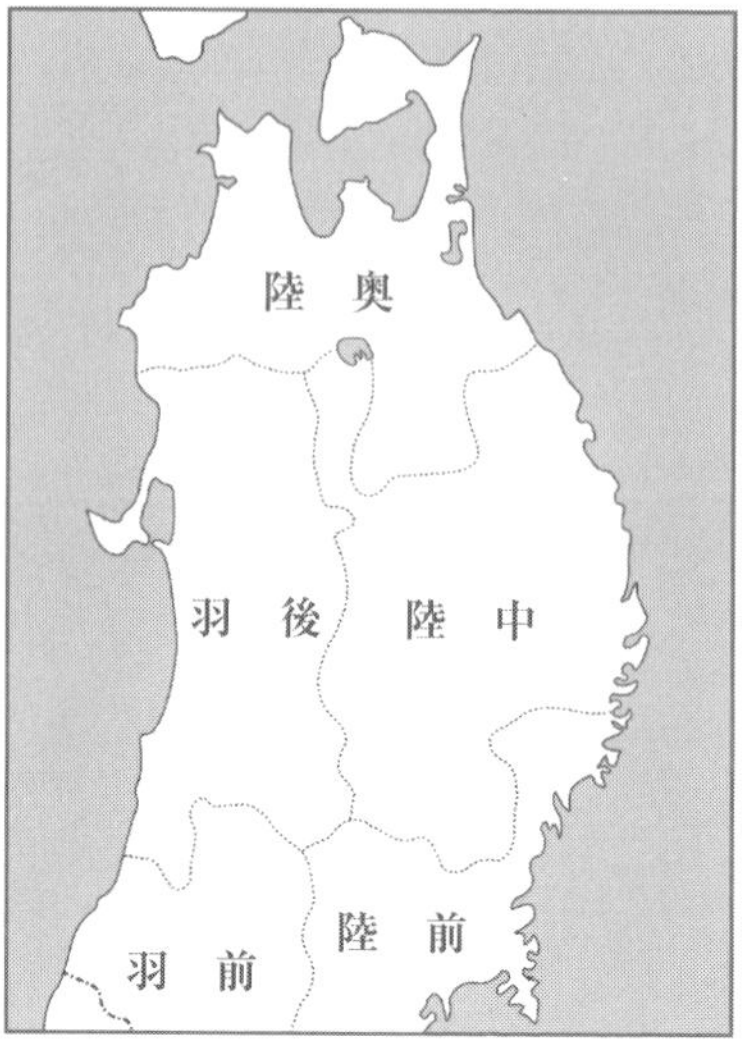
陸奥
羽後
陸中
羽前
陸前

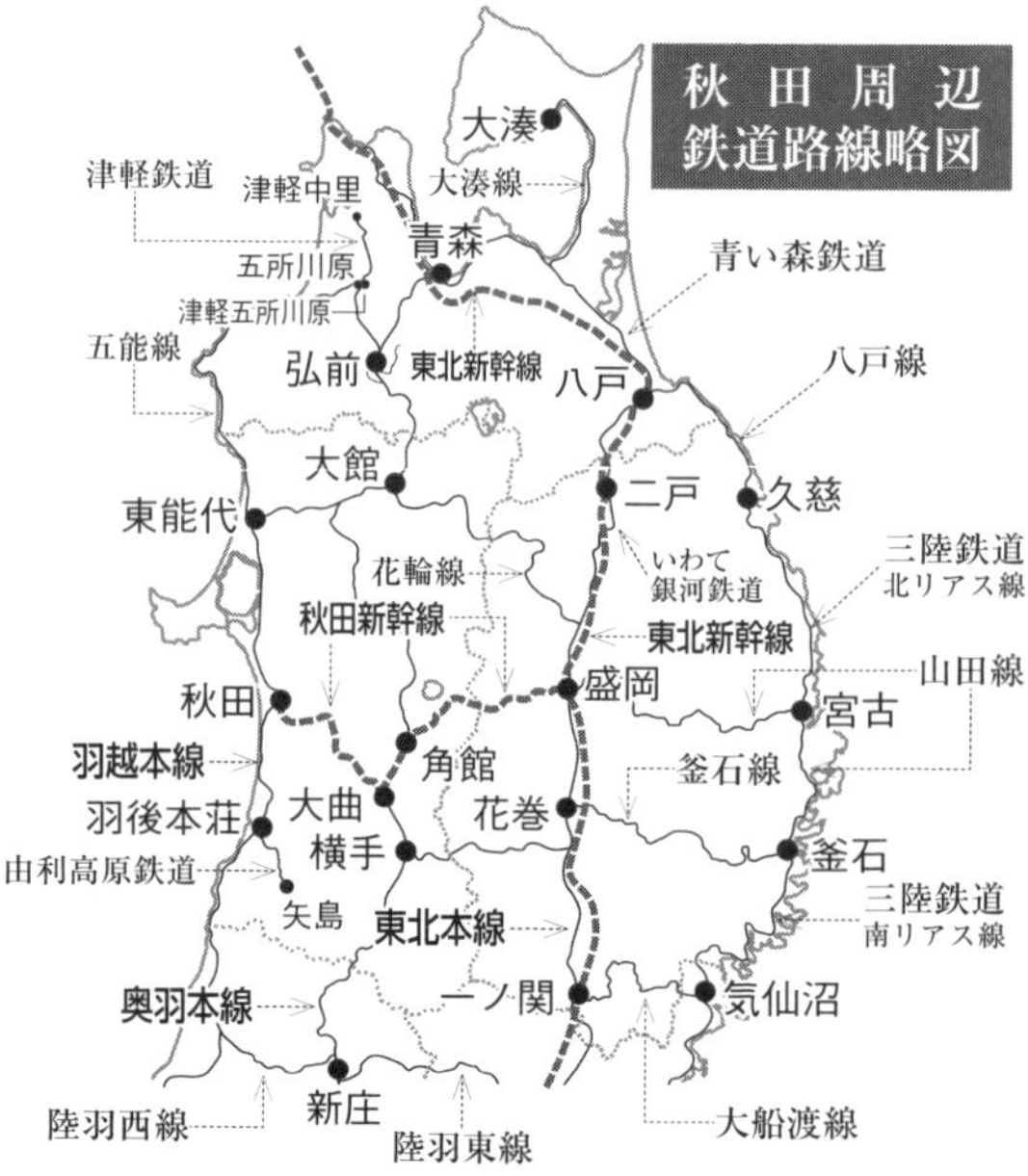
秋田周辺
鉄道路線略図
大湊
大湊線
津軽鉄道
津軽中里
青森
青い森鉄道
五所川原
津軽五所川原
五能線
弘前
東北新幹線
八戸
八戸線
大館
二戸
久慈
東能代
いわて
銀河鉄道
三陸鉄道
北リアス線
花輪線
秋田新幹線
東北新幹線
山田線
秋田
盛岡
宮古
羽越本線
角館
釜石線
羽後本荘
大曲
花巻
横手
釜石
由利高原鉄道
矢島
東北本線
三陸鉄道
南リアス線
奥羽本線
一ノ関
気仙沼
陸羽西線
新庄
陸羽東線
大船渡線

第一章 藩政の確立

常陸から移封した佐竹氏は出羽国最大の国持大名となる。

久保田城跡の碑と土塁

◆1 佐竹氏の出羽移封

佐竹氏を迎える秋田地方には徳川家康に改易された小野寺氏の遺臣をはじめ多くの在地勢力が残っていた。佐竹氏は常陸時代と同じく本城・支城の体制で新領地の経営にのぞむ。梅津憲忠・政景兄弟が初代藩主佐竹義宣を支える。

出羽移封命令

慶長七年（一六〇二）出羽移封の命令が京都から伝えられると常陸の国許では大騒ぎとなった。佐竹義宣《さたけよしのぶ》には出羽国に替地が与えられるということだが、それがどこで何万石かも示されず、さらには義宣長弟蘆名盛重《あしなもりしげ》の常陸国江戸崎《えどさき》四万五千石と次弟岩城貞隆《いわきさだたか》の磐城領十二万石、そして貞隆正室の実父相馬義胤《そうまよしたね》★六万石、これらがすべて没収され、三大名は改易されたのだった。

　このとき、一戦も交えぬまま家康の命に屈するのは佐竹の家名に恥じることだとして徹底交戦を主張する意見も強かった。しかしそれは家康の思う壺だと家臣一同を説諭し、出羽移封に導いたのが義宣の父義重《よししげ》だった。伏見にいる義宣本人が家康の命を即座に受け入れ、速やかに移封の準備に取り掛かるよう事細かに手

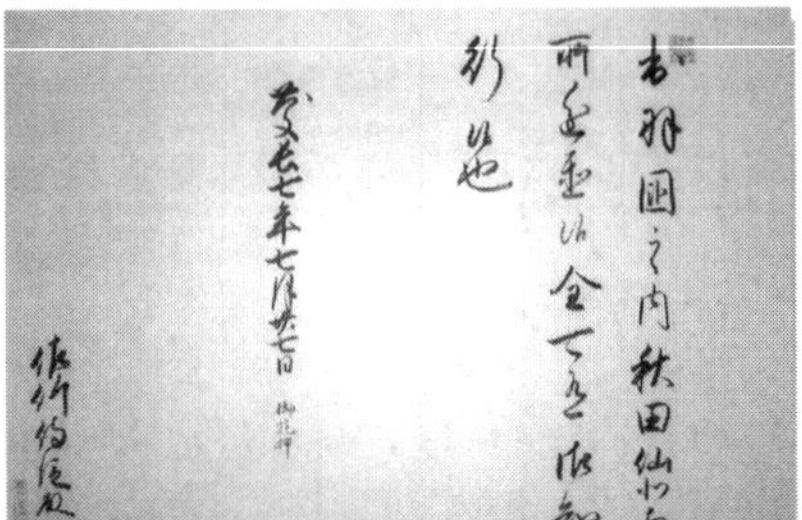

慶長７年、徳川家康領知半物写
（秋田県公文書館蔵）

▼相馬義胤
一五四八―一六三五。陸奥国相馬氏の第十六代当主。子の利胤が大名に復帰し相馬中村藩初代藩主となる。

紙を書き送ってきたのだから、佐竹の臣たるもの当主義宣の命に従うべきだと義重は説いた。もし義宣の命に反し佐竹勢が常陸で決起したならば、義宣は言うまでもなく伏見屋敷に暮らす義重の妻や義宣の側室はみな殺され、家康に忠誠を尽くして手柄をあげようとする勢力が各地から常陸に集まり、佐竹氏はその餌食になるだけだと言って義重は主戦派を説得した。

慶長七年、秋田入封

慶長五年（一六〇〇）九月、関ヶ原の戦いが終わると、徳川家康はまず南九州薩《さつ》摩《ま》（鹿児島県）の島津氏と和議をもって九州全土を制圧し、陸奥の伊達《だて》政宗《まさむね》も完全に屈服させた。これにより、単独で家康に立ち向かえる勢力はいなくなった。そこで家康は、常陸五十四万石の大名佐竹義宣に対して最後の戦後処理をおこなう。それは常陸の所領を没収し、出羽国への国替を命じるもので、慶長七年五月八日、家康の上使榊原康政《さかきばらやすまさ》★と花房道兼《はなぶさみちかね》が義宣の伏見屋敷を訪れ、その命を伝えた。

佐竹家臣団が常陸から秋田に移るとき、実質的に率いたのは義宣の父義重だった。伏見から常陸に立ち寄ることなく秋田に向かった義宣はこのとき三十三歳、義重は五十六歳だった。義重の一行は、福島から宮城県の白石を通り、それより

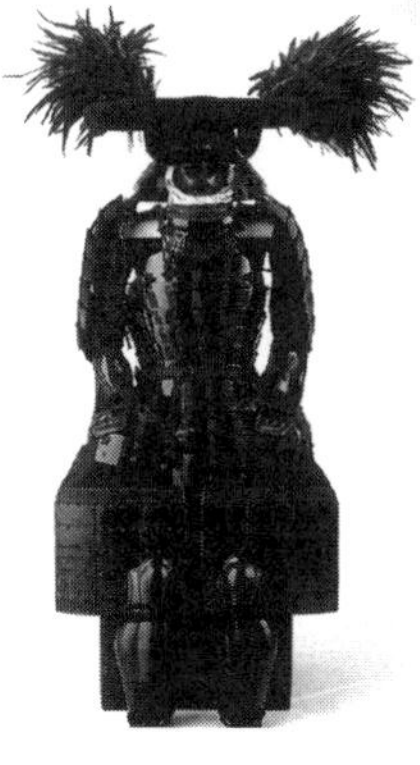
佐竹義重甲冑
（秋田市立佐竹史料館蔵）

▼榊原康政
一五四八―一六〇六。徳川家康の側近で、越後高田藩主榊原氏の祖。

奥羽山脈を越えて山形の最上義光《もがみよしあき》★領に入り、そこを北上して秋田県南部の雄勝《おがち》郡に入った。このときはまだ山形県最上郡真室川《まむろがわ》町及位《のぞき》から湯沢市院内に抜ける羽州街道の院内《いんない》（杉《すぎ》）峠《とうげ》はできておらず、最上郡金山町から東方の神室《かむろ》ダム方面に向かい、それより有屋峠《ありやとうげ》を越えて湯沢市秋ノ宮方面に下っての秋田入りだった。

雄勝郡はそれまで山形の最上氏が治めていた。最上氏の前は小野寺氏の領地で、小野寺氏から最上氏へ、最上氏から佐竹氏へと領主が交代するのは二度目のことだった。領主が代わってもそれまでの生活が大きく変わるものでないことを地元の人びとは承知していたから、佐竹勢が入ってきても大きな混乱は起こらなかった。

ところが、その北方、平鹿《ひらが》・仙北《せんぼく》方面は状況が違った。とりわけ平鹿郡は家康によって改易された小野寺義道《おのでらよしみち》★の旧領だったから、その遺臣たちが仕官の途もなく村々に留まって、新領主として乗り込んでくる佐竹勢に不審の念を抱いて待ち構えていた。移封してきた佐竹勢は横手《よこて》城を接収したものの、この先、いつ彼らが決起して襲ってくるか予断を許さぬ状況が続いていた。

そのため、佐竹勢の主力は仙北郡の六郷《ろくごう》城に留まってこの地を押さえ、宿老の和田《わだ》昭為《あきため》が一隊を率いて秋田氏の旧城土崎湊《つちざきみなと》城に向かった。八月二日、和田は土崎湊城を受け取り、佐竹勢の大半は六郷城に陣を張る佐竹義重のもとに結集し、そこで義宣が来るのを待った。平鹿・仙北地方を軍事的空白にして佐竹勢が土崎に移動したのでは、いかに精鋭部隊とはいえ数に劣る義宣の一行がここを通過す

▼**最上義光**
一五四六―一六一四。関ヶ原の戦いのとき東軍に付き、山形藩五十七万石の礎を築く。

▼**小野寺義道**
一五六六―一六四六。関ヶ原の戦いのとき最上義光を攻めたため改易。島根県津和野に流罪となる。

るのは危険と考えたのだろう。義宣の父義重の判断と思われる。

このとき、常陸から移ってきた佐竹家臣団の構成を大まかに見ると、佐竹の血を引く一族衆と、政宗のもとを出奔した伊達盛重《だてもりしげ》★のように戦国騒乱の過程で佐竹氏の家臣となった武将、古くから佐竹氏に使えてきた譜代の臣、佐竹義宣に才能を見出された新参の士、と大きく四つに分けられる。前二者はそれぞれが数十名規模の家臣を従えた武士団であり、あとの二つは和田氏のような譜代の臣といえ

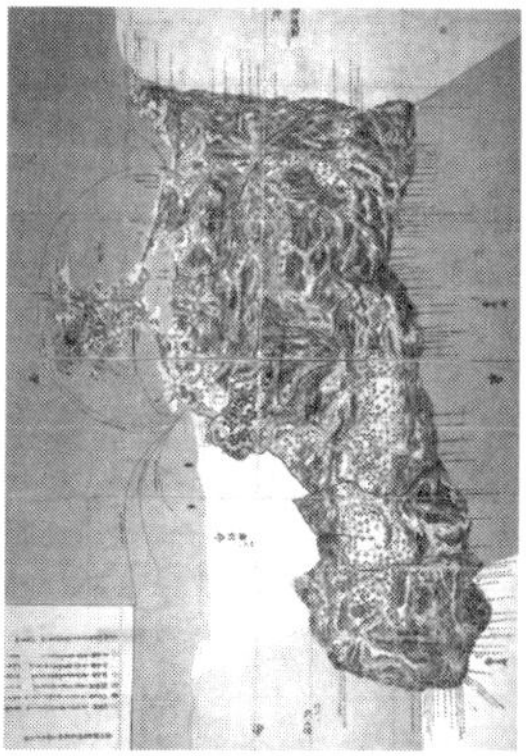
「秋田領六郡絵図」（秋田県立博物館蔵）

▼伊達盛重
一五五三—一六一五。伊達晴宗の子で政宗の叔父。

佐竹氏略系図

- 佐竹16世 義治《よしはる》
  - 17世 義舜《よしきよ》
    - 18世 義篤《よしあつ》
      - 19世 義昭《よしあき》
        - 20世 義重《よししげ》
          - 21世 義宣《よしのぶ》
          - 義勝《よしかつ》（蘆名氏）
          - 貞隆《さだたか》（岩城氏）
          - 宣家《のぶいえ》（多賀谷氏）
          - 義直《よしなお》（僧）
        - 〈南家再興〉義尚《よしひさ》
          - 義種《よしたね》
        - 〈小場家〉義宗《よしむね》
          - 義成《よしなり》
    - 〈南家〉義里《よしさと》
  - 〈北家〉義信《よしのぶ》
    - 義住《よしずみ》 ＝ 義廉《よしかど》
      - 義斯《よしつな(たけ)》
        - 義憲《よしのり》
    - 義廉
  - 〈東家〉政義《まさよし》
    - 義堅《よしかた》
      - 義久《よしひさ》
        - 義賢《よしかた》
          - 義直

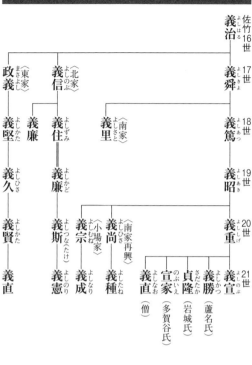

ども自ら召し抱える従者は少なく、梅津《うめづ》氏や渋江《しぶえ》氏などの新参者に至っては家族あるいは単身で付き従うといってもよい程度の者たちだった。

佐竹の一族衆は室町時代以来、常陸太田の佐竹氏本家から分かれた者たちで、ときどきの当主から茨城県の北部に所領の一部を分け与えられ、その土地を切り開いてその地の領主となった者たちだった。彼らは小場《おば》郷や大山《おおやま》郷、戸村《とむら》郷など開発した土地の名を取ってそれぞれ小場氏や大山氏、戸村氏を名乗った。

しかし、戦国騒乱の時代に一族の内紛に苦しんだ佐竹氏は、それまでのように子供たちに所領の一部を分け与える方針を改める。佐竹十七世義舜《よしきよ》は父の十六世義治《よしはる》が亡くなると同時に一族の謀反にあって常陸太田城を奪い取られた経験から、内紛を鎮めた後、実の弟たちを太田城の北方と東方に屋敷を与えて住まわせ、自らを支えさせた。こうして生まれたのが佐竹北家《きたけ》と東家《ひがしけ》で、これらふたつの分家は佐竹の姓を名乗ったまま佐竹宗家の当主を支える家臣となった。続く佐竹十八世義篤《よしあつ》も同じように実弟を太田城南方の屋敷に住まわせて佐竹南家《みなみけ》とした。これが佐竹苗字衆の原型で、分立の順に従って、北家・東家・南家の家格となり、大山氏や戸村氏など佐竹の血を引く一門衆の中でも特に佐竹の姓を名乗る苗字衆として格式上位に位置付けられた。なお、江戸時代、大館《おおだて》城代を務めた小場氏は戦国時代に一族の内紛を鎮めた功績がたたえられ、特別に佐竹の姓が許され佐竹西家《にしけ》を称するようになる。

佐竹軍団の駐留

義宣が六郷に到着すると、その決断は早かった。南の玄関口となる院内には伊達政宗に攻められて佐竹の臣となった須賀川二階堂《すかがわにかいどう》氏の分流箭田野義正《やたのよしまさ》★が配置され、湯沢には義宣いとこの南義種《みなみよしたね》、増田には東義賢《ひがしよしかた》、横手には政宗のもとを出奔した伊達盛重、そして角館には蘆名盛重が入り、北義廉《きたよしかど》が現大仙市長野の紫《むらさき》島《しま》城を治めることになった。義重がそれらの中心六郷城にあって、新領地の南半分を統括する体制が敷かれたのである。

義宣は末弟の多賀谷宣家《たがやのぶいえ》やいとこの小場義成《おばよしなり》らを伴って土崎湊城に入ると、新領地の北半に位置する能代《のしろ》の檜山《ひやま》城を重視し、そこに宣家と義成を送り込んだ。土崎湊城でひと冬を過ごした翌慶長八年（一六〇三）、彼らをさらに北進させ、同十三年には小場義成を大館城の城将に据え、南部氏の統治下にあった秋田県の鹿角郡と境を接する大館市東部の十二所には赤坂朝光《あかさかともみつ》を配置して守りを固めさせた。

その後、長木沢《ながきざわ》の森林資源と尾去沢《おさりざわ》の鉱山資源をめぐって秋田藩は盛岡藩と対立し、その争いは幕府の裁定にまで持ち込まれるところとなった。一方、弘前藩とは良好な関係を維持し、江戸時代の早い段階から、蝦夷地《えぞち》（現北海道）で何か不測の事態が生じたときには弘前藩がまず出動し、秋田藩はその弘前藩を助ける

▼**箭田野義正**
一五六五—一六二三。須賀川城主二階堂為氏の三男。

初代藩主佐竹義宣
（八幡秋田神社蔵）

よう幕府から命じられている。

城下町久保田の建設

慶長七年（一六〇二）、佐竹義宣はそれまで戦国大名秋田氏の居城だった土崎《つちざき》湊城でひと冬を過ごした。土崎湊城は平城で規模も小さく、義宣の目には本拠地建設の適地とは映らなかった。そこで、家臣に命じて新しい領国を統治するにふさわしい本拠地をどこにするか調査に当たらせた。その結果、義宣が選んだのは秋田市千秋公園のある矢留《やどめ》山だった。ここは神明《しんめい》山とも保戸野《ほどの》山ともいわれ、比高差約三十メートルほどの独立した山で、北方の仁別《にべつ》山を源流とする添川《そえがわ》が丘陵の西側直下を南流している。反対の東側一帯には長沼とも長野沼ともよばれる沼と湿地が広がっており、防御の要塞としての要件を満たしていた。常陸時代に本拠地とした水戸の町に地形が似ていたことも選ばれた理由のひとつと思われる。

江戸時代の城下町建設には、城塞・運河・街道の三要件が欠かせなかった。まず第一に要塞は、まだ軍事的な緊張が続いていたから、城は実戦を想定して籠城に耐える要害の地に築かれなければならなかった。そして、城郭や家臣の暮らす町を作るにはたくさんの建設資材が必要で、家臣の生活には食料や燃料の供給も欠かせなかったから、それらを運ぶ輸送手段として船が使える環境が必要だった。

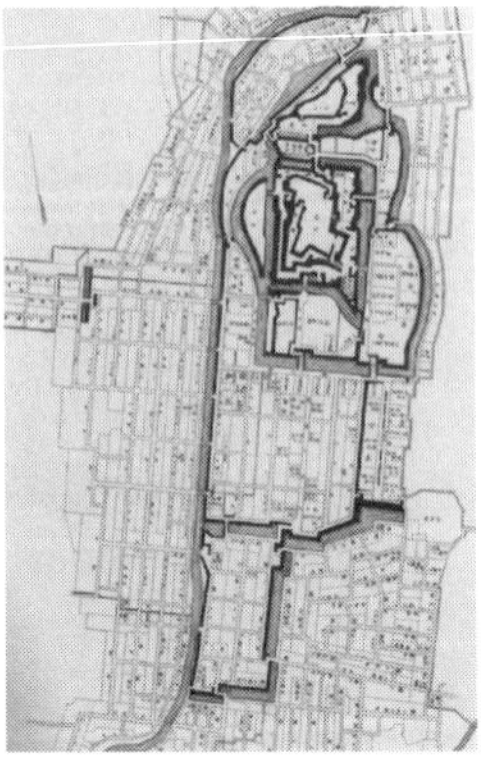

城下町久保田の概念図
（『秋田沿革史大成　上』の付録より）

それゆえ、江戸時代の城下町はいずれも河川の近くに開かれている。後に菅江《すがえ》真澄《ますみ》によって旭川《あさひかわ》とよばれるようになった添川は、船が行き交う運河として使われ、材木や薪が流送されたり、筏が組まれたりした。また、北は大館《おおだて》や十二所《じゅうにしょ》、南は湯沢《ゆざわ》や横手《よこて》など領内各所に配置した家臣たちを迅速に本拠地久保田に結集させるためには、城下町に街道を通すことも欠かせなかった。やがてこの道は、参勤交代の道としても整備されていく。これが羽州街道《うしゅうかいどう》だった。

正保二年（一六四五）、秋田藩は幕府より国絵図《くにえず》の作成を命じられる。そのとき秋田藩が国絵図と一緒に提出した城絵図を見ると、このころには久保田城下町の骨格がほぼできあがっていたことがわかる。その際に城郭建設と並んで大規模におこなわれたのが旭川の改修工事だった。佐竹氏は治水技術に長け、水を操るのが得意だったから、城山の西側直下を流れていた旭川を城の北方で締め切り、そこから北西方向に新たな河道を開削して旭川の流路を大きく西側に膨らませた。掘り出した土は城側に積み上げて土塁とした。これにより、北の丸の北西部に広がる秋田県立秋田北高校を含む一帯が、城の内側に取り込まれ、四の曲輪《くるわ》になった。これは、武士町の造成に役立ったばかりか、旭川を大きく蛇行させることにより川の流れを緩やかにし、船や筏の運航を容易にすることに繋がった。

佐竹氏は矢留山南部の一番高いところに本丸を築き、中腹の平たいところを二の丸としたが、その間には堀を設けず、山を下りたところに二重の堀をめぐらして三の丸とし、二の丸とも四の曲輪とも水堀で隔てている。この三の丸までが城内で、その外側の四の曲輪が家臣に割り振られて武士町となった。秋田駅から西に延びる広小路の道筋は、三の丸と四の曲輪を隔てる堀に沿っており、ここに近いところに屋敷を構える者ほど家格が高く、格式が下がるに従って、より遠いところに屋敷が配置された。それゆえ、三の丸の県民会館や秋田市立明徳館図書館のところに屋敷がある渋江氏や梅津氏、それに秋田県総合保健センターのある台地上に屋敷を構えた面々は、歴代の当主が家老を務めるような重臣たちだった。

元和六年（一六二〇）、秋田藩は幕府の一国一城令を受けて領内の支城を破却し、そこに駐留する家臣団の一部を久保田の本拠地に移住させた。そのとき整えられたのが、四の曲輪南方の亀の町方面で、ここにも水堀をめぐらし五の曲輪としている。そしてこの堀とその南方を流れる太平川《たいへいがわ》に挟まれた一帯が楢山《ならやま》で、ここは軽輩の士と足軽の住む町となった。

旭川はこれら武士町と、その西側一帯に広がる町人町を隔てる境界となり、また、城の堀割の役割もしたから、川の東側には土塁が築かれ、町人町からは中が見えないつくりになっていた。これは城を取り囲む城壁で、佐竹氏は石垣ではなく、ここを土塁で固めている。それは、佐竹氏は石垣普請が得意でなかったからで、久保田城の本丸に天守がないのも、重い天守を支える天守台の石垣を築けなかったからだった。秋田藩では武士の住む町を内町《うちまち》、町人の町を外町《とまち》といい、旭川がその境となったが、川の東側だけでは武士町が足りず、川の西側で町人町北方の保戸野《ほどの》地区にも武士町を設け、補充している。

町人町のつくりと町方の組織

町人町は旭川の流れに沿って南北に配列され、その西側外縁部には寺屋敷が配置されて寺町を構成した。さらにその西方は八橋村で、そこは郡奉行支配地となり、寺町を所管する寺社奉行、町方を支配する町奉行というように、ここは地域ごとに所轄が分かれていた。寺町北部の西側には保戸野足軽町が配置され、その中央部を東西方向に羽州《うしゅう》街道が貫通している。街道は寺町を分断する形で町人町に突き当たった。そこは当時、六道《ろくどう》の辻《つじ》とよばれ、部分的に水堀と土塁が築かれ、視覚的にもここで城下町に入ったことがわかるようになっていた。この道筋は明治なって最初の国道となり、地元では旧国道の愛称で親しまれている。

羽州街道は六道の辻から東進して大工町《だいくまち》・通町《とおりまち》と進み、旭川に行き着く手前を直角に南に折れて大町一丁目から六丁目、そして下鍛冶町《しもかじまち》までひたすら南進し、馬口労町《ばくろうちょう》に突き当たる。街道はそこで東に折れて刈穂《かりほ》橋を渡り、楢山《ならやま》の足軽町を通り抜けて太平川を渡ると、そこからに仁井田・牛島村を経て江戸へと向かっていく。町人町の北部では大工町から南に寺町に沿って下米町《しもこめまち》と上米町の二筋の

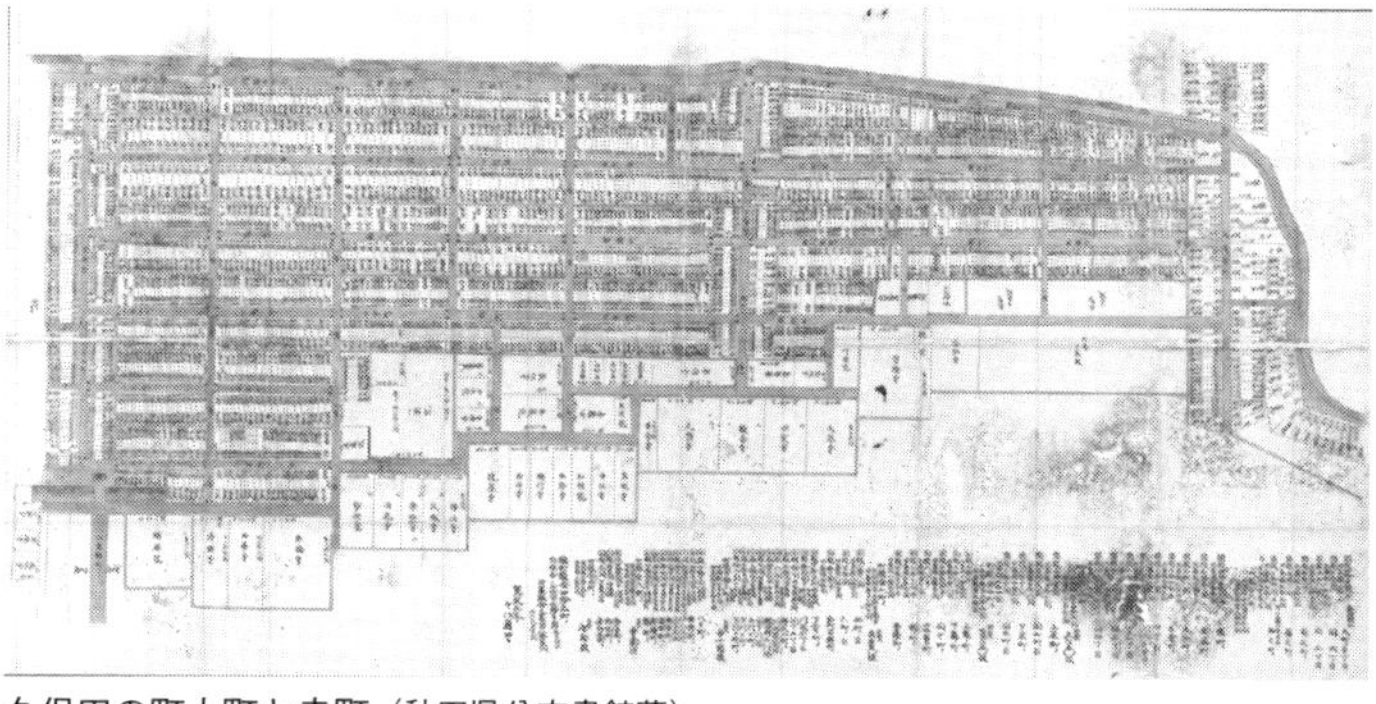

久保田の町人町と寺町（秋田県公文書館蔵）

通りが延び、その東側にも大町通りに行くまでに通町から南に上亀《かみかめ》の丁《ちょう》通り、上《かみ》肴町《さかなまち》通りと二筋の通りが延びて大町通りに平行する計四本の通りあって、その両側に町屋が連なっていた。羽州街道を旅する者には二十万石の大名の城下町にふさわしい大きな町に見えたに違いない。秋田藩はまた、通町・大町筋の町屋には二階屋を奨励し、都市景観の演出にも気を配っていた。享保年間、城下町久保田の人口は約三万人を超えるほどとみられ、北日本にあっては大きな町だった。

秋田藩は城下町の建設に当たり、それまで安東《あんどう》秋田氏の居城だった土崎湊《つちざきみなと》から多くの町人や寺院を移らせ、有力な町には特定商品の独占販売を認め保護した。たとえば、高級衣料品の呉服は大町の町人にのみ取扱いを許し、上下の肴町は魚商い、上肴町の南に連なる茶町《ちゃまち》は茶販売、米町《こめまち》は米穀商売というように町ごとに取扱品目を定めて独占させている。このような町ごとの独占販売権を町家督《まちかとく》といい、独占権を持つ町を家督町《かとくまち》といった。家督町は家督商品を持たない一般の町に対して優位な立場にあったが、羽州街道に沿う通町は大町通りに連なって定期市が開かれ、その恩恵ゆえ特定の家督商品を持っていなかった。

大町通りと旭川の間にはもう一筋の通りがあって、この川反通《かわばたとお》りは通りの西側にだけ町人の屋敷が並ぶ片側町《かたがわまち》だった。通りの東側、つまり道路と旭川に挟まれたところは、日本海の海運で運ばれてきた様々な物資を土崎湊で川船に積み替え、その川船が接岸する荷上場だった。大町・通町筋の商人が上方や蝦夷地から仕入

久保田町人町の町門（『秋田風俗絵巻』）（秋田県立博物館蔵）

れた商品をここで荷揚げして屋敷奥の蔵に運び入れたので、ここには建物がなく、町人が等しく利用できる公地《こうち》だった。藩もこの土地には税を課さず町人たちの商業活動を保護した。

秋田藩は町人町の総代を当初、村方と同じように肝煎《きもいり》とよんでいたが、やがてこれを庄屋《しょうや》と改めた。町方組織は複雑で、時代と共に変遷した。およそ元禄・享保のころ十八世紀なって骨格が固まったところを確認すると、個別の町ごとに町方を仕切る丁代《ちょうだい》一名がいて、それらを総括する町役人として庄屋がいた。町奉行所を町処といい、この役所に設けられた会談所に庄屋が詰め、庄屋は町奉行からの指令を受け、また町方から種々の願いを上申した。庄屋は丁代たちの協議により選ばれ、町奉行の承認を得て選任された。その際、藩は町人町全体を大町一丁目から三丁目までの区域と、その西側で茶町菊ノ丁《ちゃまちきくのちょう》・同扇ノ丁《おおぎのちょう》・同梅ノ丁《うめのちょう》と並ぶ茶町三町の区域、そして通町・大工町から南の馬口労町までの間に連なる脇町《わきまち》区域というように大きく三つに分けて所管する方式を取ったので、庄屋もこの単位で選出されるのが基本だった。時期により、大町三町から三人、茶町三町から三人、そして脇町からふたりの計八人が交代で会談所に詰める時代もあれば、大町・茶町の六人が脇町数カ町ずつを分担して指揮したときもあり、大町・茶町からひとりずつ選ばれた庄屋ふたりが町人町全体の総代を務めることもあった。

その反面、個々の町では丁代を支える補佐役が充実した。経験を積んだ町の長老が親仁役《おとなやく》（老役）となり、奉公人や借地・借家人が増えて煩雑化する一方の町政の運営を助けた。親仁役は町の規模に応じて町ごとに五人ないし七人ほどいた。また、秋田藩はおよそ元禄年間以降、城下町の商人や職人たちに業種ごとに株仲間を作らせて保護と統制を加えている。仲間の責任者を格年《かくねん》といい、寛政改革の一環で秋田藩が薬の生産と販売を専売制とし、富山の売薬業者を領内からしめ出そうとしたときも、城下の薬問屋格年が藩の指令を受けて活躍している。

久保田の町人町には町ごとに町門があったのも特徴のひとつだった。この門には木戸があって、夜の四つ、現在の夜十時になると閉じられ、それ以降、街中を徘徊していると木戸番に取り押さえられたから、それより遅く通行する場合には、あらかじめ町奉行から「通判」という通行許可証を得なければならなかった。

城代と所領

慶長二十年（一六一五）、徳川家康は大坂夏の陣で豊臣氏を滅ぼすと、一国一城令を発して大名の居城をひとつに制限した。しかし、これが秋田藩に適用されたのは、五年後の元和六年（一六二〇）のことで、そのとき、二代将軍徳川秀忠は、秋田藩には特別に久保田★のほか横手と大館の城を残してよい、と指令した。これにより、横手城と大館城は破却を免れ、角館・檜山・十二所の各支城が取り壊さ

▼久保田
現在の秋田市。

れた。なお、秋田藩は藩領南部の玄関口、院内には城を設けていなかった。

常陸時代の本城―支城体制をもって新領地の経営に臨んだ佐竹義宣は、支城の周辺一帯に関わる支配はすべてその地の城将に委ねる体制を敷いた。行政機構が整わない段階で地域の支配は各地に駐留する軍団の指揮官である城将に委ねざるを得ず、城将は義宣の代官として周辺一帯にわたって年貢徴収と治安維持の全権を託された。つまり、支城の城将は義宣所領の一部を預けられた存在だった。そこで、一国一城令が適用されて以降、横手城と大館城のふたりの城将は城代、城を壊して館構えとなった小城下町の城将は所預《ところあずかり》と呼ばれるようになった。

これにより、ふたりの城代と五人の所預が要地を治めるという秋田藩の基本形ができあがる。横手城を預けられた城代須田盛秀《すだもりひで》と大館城代小場義成、湯沢の所預佐竹義章、以下、角館所預蘆名義勝、檜山所預多賀谷宣家《たがやのぶいえ》、十二所所預塩谷義綱《しおのやよしつな》、院内所預箭田野義正という構成である。

城代《じょうだい》・所預《ところあずかり》の仕事を湯沢《ゆざわ》町を例にみると、この地域一帯の支配が佐竹南家に任され、南家は自ら召し抱える家臣約三十名とは別に藩庁から配属された藩の直臣約百三十名ほどを指揮して藩境の警備や地域の治安維持など軍事警察業務全般を担当した。南家当主と藩の直臣との間に主従

城代と所領

関係はなく、それは軍事編制上の指揮官と部下という関係だった。このように久保田の本城以外に配置された藩の直臣を給人《きゅうにん》といい、湯沢であれば湯沢給人といった。

城が残された横手《よこて》や大館《おおだて》では給人の数がこれより多く町の規模も大きくなり、給人たちには交代制で支城の城門警備につく仕事も課せられた。各地の給人が久保田の本城に配置換となるのは例外的でめったになく、任地を代えられることもなかった。給人たちは初代藩主佐竹義宣によって配属を命じられた土地に暮らし、子孫たちは幕末に至るまでその地に居住した。彼らは指揮官である城代・所預たちが藩の仕事で江戸に上るときに一部の者が従うことはあったが、藩主の参勤交代に従って江戸藩邸に詰めることはなかった。

二代藩主佐竹義隆から次の佐竹義処の時代に一部、城代・所預が交代した。横手城代は須田氏から戸村氏に代わり、角館の所領は佐竹北家に、十二所は茂木氏に、院内は大山氏にそれぞれ代わるが、佐竹直臣団が駐留した場所は変わらない。

◇2 藩制の整備

常陸から移住してきた武士たちは積極的に新田開発にはげんだ。
お家騒動もなく最初の百年間を三代の藩主で乗り切ることができたのは幸いだった。
家老を中心に奉行たちが勤務する藩庁の組織が徐々に整備されていく。

指紙開と注進開

秋田藩佐竹氏の領地高が確定するのは、実は寛文四年（一六六四）まで待たねばならない。それは、二代藩主佐竹義隆《さたけよしたか》がこのとき初めて四代将軍徳川家綱より領知安堵状を与えられたことによる。これにより秋田藩は出羽六郡二十万石と栃木県南部の下野《しもつけ》市と小山《おやま》市方面に飛地領五千八百石余の領知高が確定した。

移封当初の秋田には、開発可能な土地がまだ領内一円に残っていた。そこで、常陸から移ってきた武士たちは、自ら支配する知行地の農民を動員して積極的に新田開発をおこなった。秋田藩にはそれができる環境が残っていた。秋田藩の穀倉地帯となる仙北・平鹿の平野部には奥羽山脈に降り積もった雪が地下を伝って各地に湧き出したので、用水路を開削するまでもなく水を得て新田を開くことが

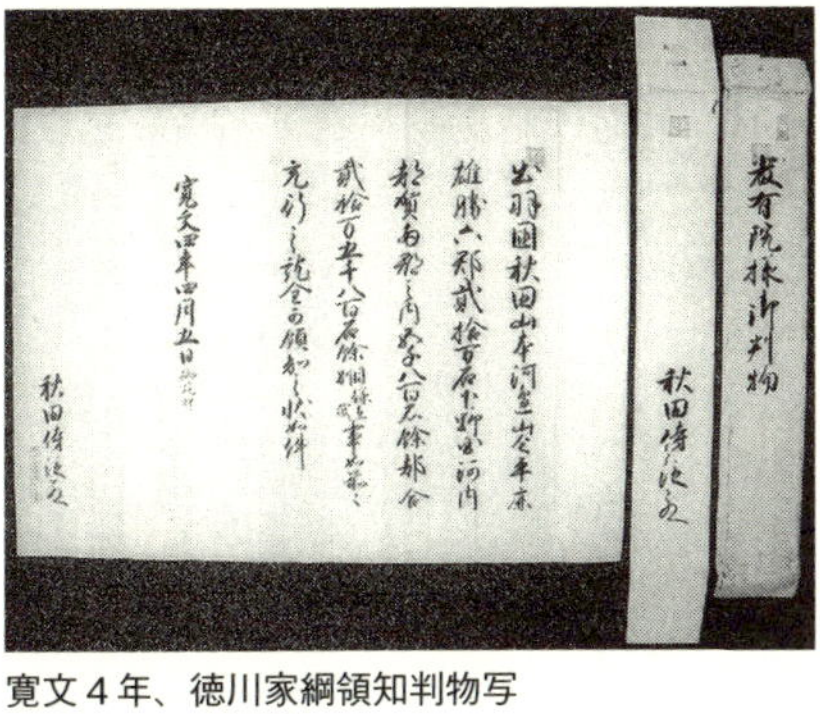

寛文４年、徳川家綱領知判物写
（秋田県公文書館蔵）

できた。また、それ以外の地域でも広大な山林が平地に下りてくるところには大小無数の沢があり、その沢水を溜池にして新たな田を開くことができた。一つひとつの開発は小規模なもので、その開発主体は個々の藩士たちだった。

秋田藩はこうして家臣が開発した田畑の高を本人の知行高に繰り入れる制度を作り上げる。秋田藩では藩主より家臣に俸禄を安堵する証明書が発給され、これを知行御判紙、略して御判紙ともいった。家臣たちは開発が終ってしばらくすると、藩役人の検地を受け、それに基づいてその開発高を自らの知行高に加えて本知とするよう藩に願い出た。そしてこれが認められると、新たな御判紙が発給されるという仕組みになっていた。これを御判紙書替という。

この高はその武士の家の高として認定され、代替わりしても子息へと継承されるのが原則だった。この制度により、秋田藩では多くの武家が知行高を増やし、その増加分を次男三男に分知して分家が創出される例が数多く見られた。秋田藩士の系図を読み解くと、常陸から移ってきた武士とその子たち第二世代は、こうした新開を積極的におこない、それによって得られた高を本知高に繰り入れると、その本知高を弟や叔父に分知して同苗の分家を生み出していったことがわかる。

そして、やがて開発は次のステージへと移る。それは、小規模ながら新規の用水堰《せき》を開削しての開発だった。秋田藩では用水路を関とよび、関の開削は土地を掘割くことであり、旧来の田地に影響を及ぼすこともあったから、新規開発は申

二代藩主佐竹義隆（天徳寺蔵）

請に基づく許可制とした。この許可証を指紙《さしがみ》といい、それによって開かれた田地を指紙開《さしがみびらき》といった。指紙開が広くおこなわれたのが十七世紀の後半までで、開発した高は本知高に繰り入れられた。

その後、藩は村の有力者や町方の商人など武士以外にも開発を許可するようになる。そうした開発を注進開《ちゅうしんびらき》といい、その開発高は基本的に藩に収公されて蔵入高となったが、一旦その手続きを踏んだ上で開発高の三分の一ほどが開発した者に与えられる仕組みになっていた。指紙も注進も共に開発許可の証明書であり、開発権の保証書でもあったから、それ自体が売買されることもあった。開発を許可されながら途中で資金が続かず、開発権を譲渡することもあったし、開発した田地を売却する者もいた。その証文には高何石を売る、買うと記され、こうして石高制の原則では理解し難い高売買の慣行が秋田領に展開する。

家格の形成と会所政治

常陸国から移ってきた佐竹氏にとって最初の百年間を義宣・義隆・義処《よしずみ》と三代の藩主で乗り切れたのは幸いなことだった。仙台藩や加賀藩に見られたような深刻な御家騒動も起こっていない。

藩制確立期ともいえるこの時期に、秋田藩は家臣の家格制度を整える。その最

検地絵巻（玄福寺蔵）

上位は佐竹血縁の一門衆と戦国時代の城主たちで構成される引渡《ひきわたし》だった。佐竹一門は佐竹北・東・南・西の苗字衆四家と、石塚《いしづか》・大山《おおやま》・戸村《とむら》・今宮《いまみや》・小野岡《おのおか》・古内《ふるうち》の六家で、いずれも佐竹宗家《そうけ》から分かれた分家筋である。これら十家に佐竹氏と共に秋田に移ってきた岡本《おかもと》・真壁《まかべ》・宇都宮《うつのみや》・多賀谷《たがや》・茂木《もてぎ》・伊達《だて》・武茂《むも》・箭田野《やたの》・塩谷《しおのや》の九家を加えた計十九家が引渡の家柄だった。

これに次ぐ第二位の家格が廻座《まわりざ》で、これは引渡の分家や、古くから佐竹氏に仕えてきた有力家臣、そして藩制確立期に功績を残した者などからなる。引渡と廻座は知行高との間に相関関係はなく、廻座の家格ながら引渡を上回る知行高の者もいた。廻座は六十数家あって、引渡との間で相互に家格を異動することもあり、家老はこの二つの家格から選ばれた。

第三番目の家格は一騎《いっき》で、これより下の家格は知行高と俸禄の形態に応じて区分された。知行高百五十石以上で廻座に認定されなかった者が一騎で、それより知行が少なく、かつ七十石以上の者を駄輩《だはい》という。秋田藩では戦時の際に駄輩家格の者も騎馬武者となることがあり、一騎の者同様に乗馬の訓練が欠かせなかった。これらに次いで七十石未満、三十石以上の者を不肖《ふしょう》といい、その下が三十

秋田藩の家格制度

〈俸禄〉	〈区分〉	〈家格〉
知行	佐竹苗字衆　4家	引渡
	佐竹一門　6家	
	旧城主　9家	
	引渡の分家	廻座
	常陸以来の重臣	
	藩政確立期の功臣	
	150石以上	一騎
	70石以上150石未満	駄輩
	30石以上70石未満	不肖
	30石未満	近進
知行・扶持	30石未満	近進並
扶持	徒（歩行）	
	徒（歩行）並	
	足軽	

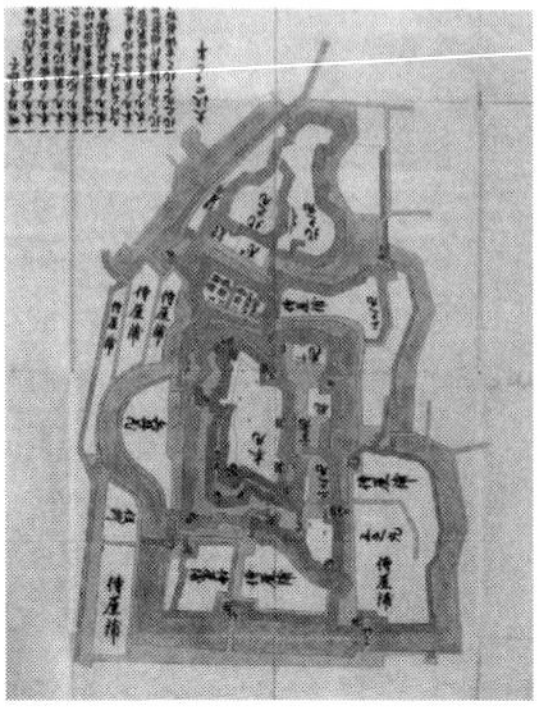
久保田城絵図（秋田県公文書館蔵）

石未満の近進《きんしん》で、ここまでが知行取だった。近進の下に知行と扶持《ふち》をあわせる形で支給される近進並《きんしんなみ》があり、さらに扶持支給のみの徒《かち》（歩行）と徒《かち》（歩行）並《なみ》があって、最も下位に足軽が位置付けられていた。人数比で見ると上位にうすく、下位が非常に分厚いピラミッド型になっていた。

　これらの家格制度は、三代藩主義処《よしずみ》のころまでに形成され、これを受ける形で義処は藩士たちが勤務する藩庁機構の整備に取り掛かった。まずその第一歩は、藩主就任と同時に三の丸の穴門《あなもん》を西に出たところに評定所《ひょうじょうしょ》を新設している。それまで家老の私宅で執務されることもあった慣例を改め、月番家老《つきばんかろう》★には評定所への出勤を命じ、その上で月に三回、家老・寺社奉行・町奉行・勘定奉行・郡奉行・裏判《うらはん》奉行★・御用人などを一同に集め評定させる会合を定例化した。また、藩財政が次第に悪化してきたため、その健全化にも意を注ぎ、延宝三年（一六七五）十一月には初めて九分の一の比率で藩士からの知行借上《ちぎょうかりあげ》★を実行している。

　天和三年（一六八三）十一月、郡奉行・惣山奉行・作事奉行の三奉行を廃止し、その一方で貞享二年（一六八五）には、本方《もとかた》奉行を新設して町奉行・勘定奉行の次座に位置付けた。つまり、天和の改革では米蔵役★や湊沖口役★などを指揮した裏判奉行を残して、郡奉行配下の普請奉行・金山奉行・材木奉行などを家老の直支配としたのだが、結局は仕事が分散して上手くいかなかったので、財政全般を一括支配して財政難対策に当たらせる特別職として本方奉行を新設したのだった。

▼**月番家老**
家老は複数いて、毎月交代で執務する交替制が採用されており、その月を担当する家老。

▼**裏判奉行**
勘定奉行が担当する藩財政の出納事務を専門に補佐する役職。

▼**知行借上**
俸禄の一部を藩が借り上げて減禄すること。後に藩が弁済する建前だが、実施されることはなかった。

▼**米蔵役**
年貢米を収納し、家臣に支給する俸禄米を管理する役。

▼**湊沖口役**
土崎・能代の両湊で移出入を管理し、徴税を担当する役。

義処のこうした職制改革は功を奏し、藩財政は小康状態を維持することができた。そして義処は、死去二年前の元禄十四年（一七〇一）十月、久保田城本丸大《だい》書院《しょいん》に家臣を集め、今後は評定所に代わって城内に会所を設置し、そこで政治をおこなうよう指令する。これにより、穴門外の評定所で開かれていた月三回の定例寄合は廃止となり、これからは月番の家老が毎日会所に出勤し、奉行以下諸役人を指揮して政務に当たる体制に改められた。

これに合わせて、町奉行・勘定奉行・本方奉行の序列をなくして三奉行同列とし、それまで家老の直支配であった用達《ようたし》を副役人《そえやくにん》と名を改めて三奉行の補佐役とした。そして、裏判奉行も廃止し、今後は、政務と財務の一切をこの会所に担当させることにした。義処が目指したのは、家老が三奉行や副役人たちを指揮して藩政全般を運営する会所の体制だった。この会所は毎日開かれた。

秋田新田藩

三代藩主佐竹義処は晩年の元禄十二年（一六九九）、六十三歳のときに嫡子義苗《よしみつ》を二十九歳の若さで亡くす不幸に見舞われる。その三年前、次男の義珍《よしたか》は相馬《そうま》藩★五代藩主相馬昌胤の婿養子となって佐竹家を離れ、義処には三男源次郎が残されていた。しかし源次郎は、側室の子で、まだ六歳の幼子だった。

三代藩主佐竹義処（天徳寺蔵）

▼相馬藩
福島県相馬市を中心に外様大名相馬氏が六万石を治めた。陸奥国宇多郡中村に藩庁が置かれたため中村藩ともいう。

このとき秋田藩には、義処の跡継ぎとなる人物が源次郎の他にあとふたりいた。ひとりは、義処と母を同じくする実の弟で十八歳年下の義長《よしなが》四十五歳だった。義長は父義隆が存命中の寛文八年（一六六八）、十四歳で四代将軍徳川家綱にお目見えを済ませていた。そしてもうひとりは、義処の庶兄義寘《よしおき》の嫡長子で、義処には甥に当たる義都《よしくに》三十五歳だった。義寘は父義隆が正室である南家の佐竹義章《よしあき》の娘光聚院《こうじゅいん》と結婚する前に、側室との間に生まれた最初の男子で、庶子ながら大名の子として三代将軍徳川家光に拝謁し、その子義都もまた天和二年（一六八二）には五代将軍徳川綱吉にお目見えを済ませていた。したがって、義処はこの義長か義都のいずれかに自らの跡を託し、佐竹宗家を継がせることは可能だった。

　しかし、義処が下した決断は、実子源次郎に跡を継がせることだった。義苗が亡くなった翌元禄十三年、義処は源次郎を世子として幕府に届け出た。そして元禄十六年四月、源次郎が十歳になるのを待って将軍綱吉に拝

佐竹氏略系図2

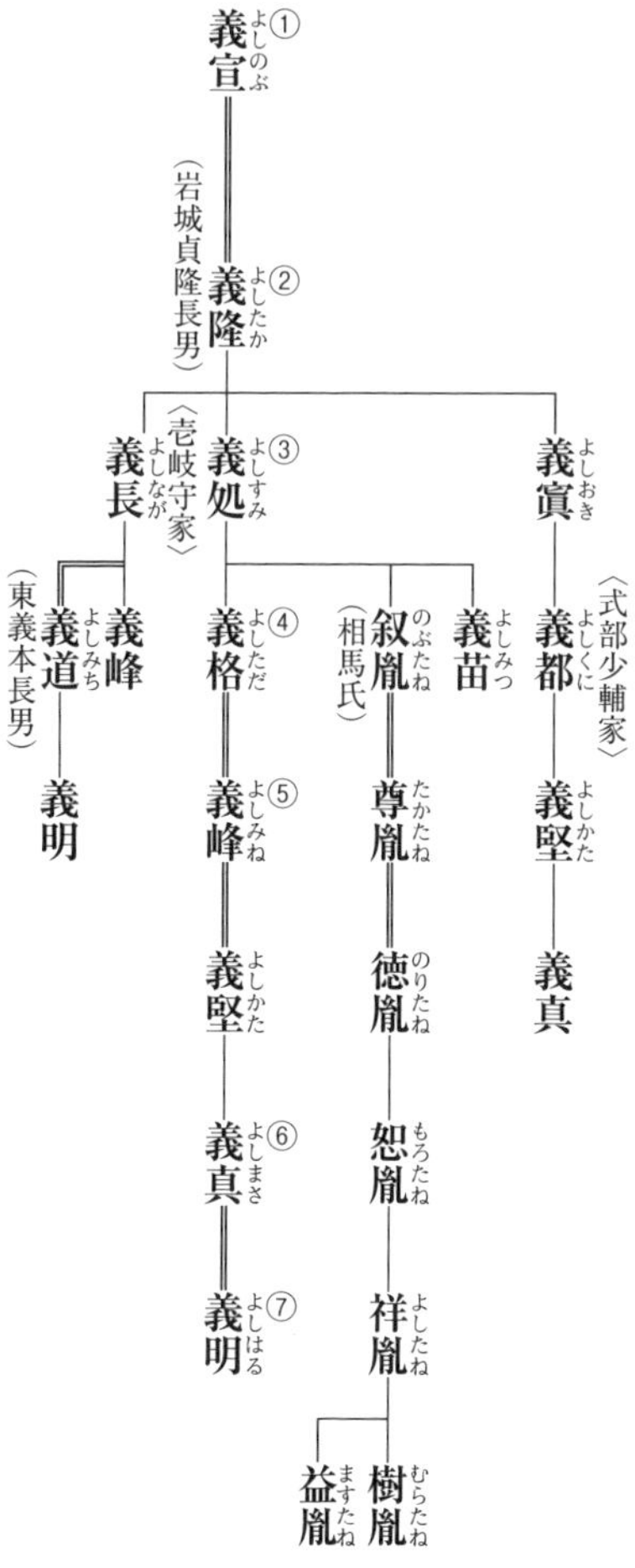

謁させ、源次郎は義格《よしただ》と名を改める。これで義処は安心したのか、その年六月に亡くなり、八月には義格が父の遺領を継承して秋田藩第四代藩主となった。

義処は、もうひとつ大きな決断を下していた。それは、分家大名二家の創出である。秋田藩は、元禄十四年二月十一日、新田開発によって切り開いた高の中から二万石を義処の実弟義長に分け与え、同じく甥の義都には新田一万石を分知したいと幕府に願い出、将軍徳川綱吉により認められた。大名となった佐竹義長と義都の両名は、ふたりとも特定の領地を持たず、家臣も佐竹宗家から充当され、それぞれ二万石と一万石の領知高に相当する蔵米を秋田藩から支給されて大名となった。このような特定の領地を持たず、家臣も宗家から充当される大名を内分大名という。彼らは、参勤交代で国許に帰ることもなく江戸の屋敷に暮らす一方、大名火消役を務めるなど、大名としての務めを果たした。

武家官位《ぶけかんい》★は義長が従五位下《じゅごいのげ》で壱岐守《いきのかみ》★に、義都も従五位下、式部少輔《しきぶのしょう》★に叙任された。そこで、秋田藩はこのふたつの分家大名をそれぞれ佐竹壱岐守家、佐竹式部少輔家と呼んでいる。その後、義都の孫義真《よしまさ》が宗家を継いで秋田藩第六代藩主となるのに伴って式部少輔家は絶家となるが、壱岐守家は幕末まで続く。

慶応四年（一八六八）三月、壱岐守家の嫡男義理《よしただ》は江戸から秋田に居を移し、秋田新田藩の居城として秋田市雄和の椿台に築城を開始した。しかし、これは戊辰戦争の混乱により完成することなく終わった。義理は、翌明治二年（一八六九）、

▼武家官位
江戸時代、大名と有力な旗本に朝廷から授けられた官位。官職を伴い、官職に実態はなく、それぞれの家格を表した。

▼壱岐守
律令制で壱岐国（長崎県壱岐島）を治める国司の長官。

▼式部少輔
式部省は律令制で役人の人事や教育などを司る部署。少輔は卿・大輔に次ぐ職位。

父の隠居により壱岐守家の家督を継承すると、その翌年には秋田藩から皆瀬川南岸の湯沢市岩崎に領地を与えられて、岩崎藩《いわさき》と称し、義理は明治政府から岩崎藩知事に任命される。一年後の明治四年には明治政府の廃藩置県によって岩崎藩は消滅するが、佐竹壱岐守家を秋田新田藩、あるいは岩崎新田藩ともいう。

四代藩主佐竹義格

元禄十六年（一七〇三）八月、義格は幕府より父義処の遺領の継承を認められた。しかし、義格はこの年、将軍にお目見えしたばかりの十歳だった。この少年に秋田藩二十万石を治められるはずはなく、幕府は国目付《くにめつけ》★を派遣して秋田藩を監督させた。秋田藩にとって国目付を迎えるのは初めてのことだし、この後、義格が初めて帰国する正徳元年（一七一一）まで義処没後の八年もの間、藩主不在が続いたから、これは藩政始まって以来の一大事だった。それに加え、宝永元年（一七〇四）十月には、利根川・荒川筋の堤防工事という幕府御手伝普請を命じられ、秋田藩は多難な時代を迎えていた。

また、宝永元年五月には藩領北部で大地震が起こり、能代町は潰屋二五八三軒、死者七七名という甚大な被害に見舞われた。この地域では十年前の元禄七年にも八郎潟北部が隆起して湖底が陸地となるなど大きな災害が続いていた。宝永の地

岩崎町絵図
（『ゆざわの文化財』より）

▼国目付
大名が幼少で政務を執れないときなどに幕府が国許に派遣した監察使。

震では大火も起こり能代町の被害を一層大きくしていた。江戸では、義格の叔父に当たる壱岐守義長と、いとこの式部少輔義都が若い藩主を支え、彼らが幕府との折衝全般を担当した。一方、藩主不在が続く国許では家老たちが恙なく藩政を導いたが、それができたのは、前藩主義処が始めた会所政治のおかげだった。

　佐竹義格の治世は長くない。元禄十六年に十歳で家督を継ぎ、十八歳になった正徳元年（一七一一）、初めて秋田への帰国が許されて通例の参勤交代を開始したが、三回目に帰国した正徳五年、わずか二十二歳の若さで急死してしまう。佐竹氏歴代当主の事績をまとめた『佐竹家譜』によれば、それまで義格の病気を窺わせるような気配は全くなかった。しかし、義格は妻を迎えぬまま突然この世を去り、秋田藩はまだ跡継ぎを決めていなかったから、これは藩存亡の危機だった。だが、秋田藩には壱岐守義長と式部少輔義都というふたりの分家大名がいて、それまでも若い義格に代わって幕府との交渉役を担っていたから、このときは比較的冷静に対処することができた。協議の結果、秋田藩は義長の嫡男義恭《よしゆき》を義格の嗣子と定め、彼に宗家の遺領を継承させたいと幕府に願い出た。義恭は元禄十五年、十三歳にして元服し将軍綱吉にお目見えを済ませていたからこの願いは認められ、義恭は秋田藩五代藩主となって名を義峰《よしみね》と改めた。義峰は義格のいとこに当たり、元禄三年生まれ、義格よりも四歳年長でこのとき二十六歳だった。それゆえ今回は、国目付が派遣されその監察を受けることもなかった。

四代藩主佐竹義格（天徳寺蔵）

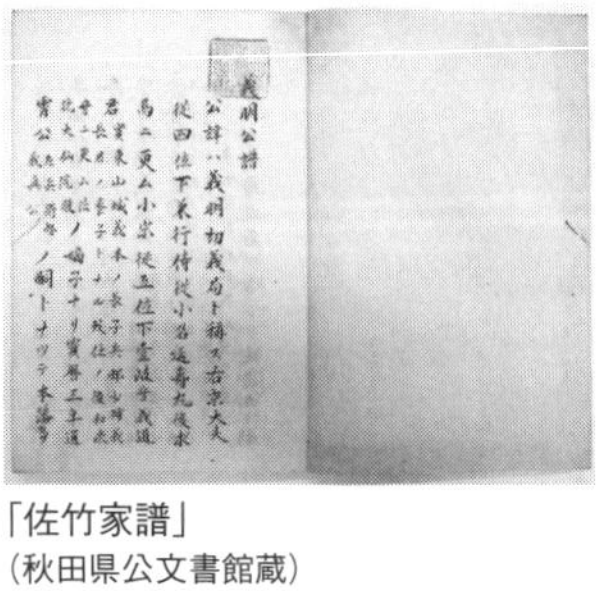

「佐竹家譜」（秋田県公文書館蔵）

◇3

秋田藩の政治改革

次第に藩財政が悪化し、家老今宮義透が享保改革をおこなう。財政窮乏はさらに進み、打開策として採られた宝暦の銀札発行が失敗し、切腹者を出す秋田藩最大の政治事件に発展。

五代藩主義峰の親政

義峰は藩主親政への強い決意を固めていた。藩主となった翌々年の享保二年（一七一七）、義峰は定例の参勤交代により秋田に初入部すると、前々藩主の時代から城内に設けられていた会所に出向き、会所政治の在り方全般にわたって詳しく問い質している。

義峰の藩政刷新への決意は、まず家老の交替という形で表明された。新藩主となった義峰は、藩庁首脳たちに財政の不備についてどう対処すべきか諮問したのだが、国許からは義峰を満足させるだけの打開策が示されなかった。それを問題として、戸村義輔《とむらよしすけ》・小野崎通貞《おのさきみちさだ》・梅津金忠《うめづかねただ》ら三名の家老を罷免し、代わって宇都宮《うつのみや》典綱《のりつな》と大越貞国《おおこしさだくに》の両名を新規に登用した。さらに、梅津には遠慮★、小野崎には

五代藩主佐竹義峰（天徳寺蔵）

▼遠慮
江戸時代、武士や僧侶に課せられた軽度の謹慎刑。門を閉じ他者との交わりを慎んだが、夜中くぐり戸の出入りは黙認された。

隠居を命じて子に家督を譲らせた。またこれに合わせ、寺崎弥左衛門《てらさきやざえもん》・根本庄《ねもとしょう》右衛門《えもん》・茂呂喜左衛門《もろきざえもん》ら本方奉行三名も罷めさせ、寺崎には小野崎同様、隠居の上子への家督相続を命じている。そして、このとき任命された宇都宮と大越の両名は、この後二十九年、三十二年という長きにわたって家老を務め、義峰の治世を助けることになる。

財政再建にかける義峰の思いは強く、二度目の帰国ではついに半知借上という思い切った手段を取っている。これは、藩主が家臣に支給した俸禄から、その半分を一時的に借り上げて藩庫に入れ藩の財政を補填しようとするもので、いずれは藩庫より返済される約束だった。だが、その約束が果たされることはなく、家臣たちはこれを藩に提供するものと観念し、差上高と呼んだ。かつて義処の治世下に九分の一借上ということはあったが、俸禄の半分を借り上げたのは義峰が初めてで、それだけ秋田藩の財政難は深刻だった。

今宮大学義透の享保改革

享保六年（一七二一）閏七月、義峰は三度目の帰国で秋田藩享保改革の立役者今宮義透《いまみやよしすく》を家老に抜擢した。今宮義透が最初に主張したのは、本方奉行の廃止だった。前藩主義格が幼く、帰国も許されない中、幕府国目付の監察を受けながらも藩政を全うした会所政治ではあったが、その合議制は本方奉行たち実務吏僚層の発言力を増大させ、家老の権限を弱める結果となった。義峰の初政、今宮義透が家老に就任したころには、家老たちは本方奉行の賛同を得ないことには政策を実行できない状況に陥っていた。

しかし、今宮氏の祖は佐竹十七世義舜《よしきよ》と侍女の間に生まれた永義《ながよし》で、義透には佐竹一門としての強烈な誇りと自負があり、そうした状況を許す訳にはいかなかった。享保十年（一七二五）五月、義透の提案を受けた義峰は、それまでの会所とは別に、城内に政務所を新設し、会所を評定所と改称させる。あわせて本方奉行を勘定奉行に、副役を用達役と、それぞれ職名を改めさせた。また、本方奉行を一旦廃止し、諸奉行・諸役人が実務に当たる評定所とは別に、その上に立って家老が諸奉行を指揮し執務する政務所の体制を作り上げた。

義峰の信任を得た今宮が目指したのは、徹底した現状分析をおこなって財政再建策を導き出そうとするものだった。享保十二年、自ら領内をめぐって村々の実情を確かめ、翌十三年には城代・所預たちにそれぞれが治める町の絵図を作って提出するよう命じている。これにより、たとえば横手を例にするなら、横手の城下町絵図を見れば久保田にいながらにして横手城下に暮らす藩士たちの屋敷の位置や、その間口と奥行きの大きさまでもわかるようになった。そして翌十四年には六郡村々の村名・村高をすべて調べさせ報告書を提出させている。

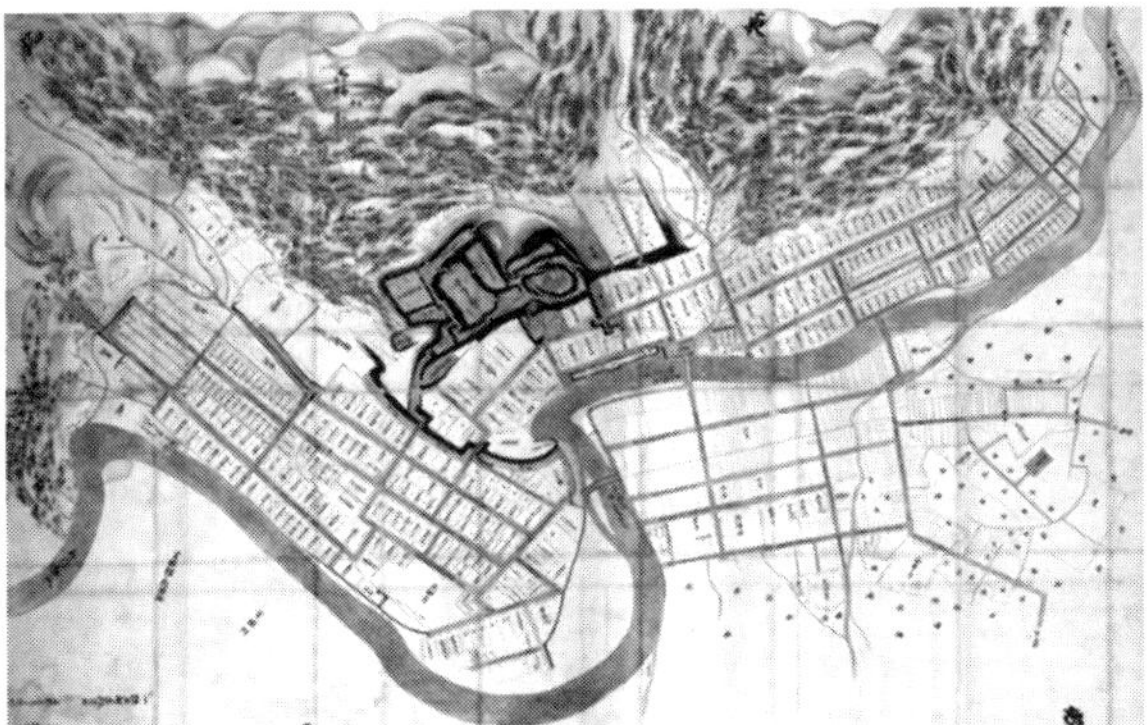

享保十三年、横手城下絵図
（秋田県公文書館蔵）

このとき秋田藩には国絵図を作るために幕府から命じられて作成した正保四年（一六四七）の「高帳」と元禄十五年（一七〇二）の「郷帳」、それに徳川家綱・綱吉・家宣・吉宗ら歴代の将軍から領知判物★を拝領するために幕府に提出した寛文四年（一六六四）、貞享元年（一六八四）、宝永八年（正徳元・一七一一）、享保元年の四次にわたる「郷村高辻帳」の控えなど、計六種類におよぶ土地台帳があった。今宮は自らおこなった領内巡見の経験を踏まえ、これらの諸帳簿をすべて照合・精査させ、各村の村高、つまり生産力の状況を正確に摑もうとした。特に、本田★と新田★を見極め、古い時代に開かれた田については、新田の扱いをやめ、本田並みに改めた。それは言うまでもなく、年貢増徴を意図してのことだった。

秋田鋳銭座

今宮の経済政策は、主穀生産とその販売に主眼が置かれ、まだ米作以外の産業育成策はその視野に入っていなかった。たとえば、阿仁鉱山《あにこうざん》★で働く鉱夫たちの飯米市場に目を付け、それまで仙北・平鹿の穀倉地帯から雄物川《おものがわ》を下して土崎湊に運び、それより海路と米代川《よねしろがわ》の舟運を使って阿仁に送っていたものを、角館から田沢湖西方の峠に向かう道筋を整備して阿仁に直接駄送する方式に切り替えて、輸送費の削減を図っている。後世この道筋は、今宮が通称を大学《だいがく》と名乗ったこと

▼**領知判物**　江戸時代、将軍が書判（花押）をもって大名の領地支配権を認めた安堵状。支配領域を示す領地目録が添えられるのが普通。

▼**本田**　検地の時点でそれ以前の古くから使われて来た田。

▼**新田**　検地からそう古くない時期に新たに開墾された田。

▼**阿仁鉱山**　秋田県北秋田市阿仁にあった鉱山。金・銀・銅を採掘し、特に銅の産出量が多く幕府の長崎輸出銅の大半を占めた。

から大学が開いた峠道という意味で「だいがくの峠」とよばれ、どういう訳か「学」を「覚」に代えて大覚野《だいがくの》峠《とうげ》と記されるようになった。

だが、この時期の幕府の通貨供給政策に乗って秋田藩が一時期、寛永通宝の鋳造を許可されたことは間違いなく今宮の功績だった。元文二年（一七三七）、帰国した義峰は、それまでの半知借上を三分の一借上に緩めたが、そのとき同時に秋田で銅銭を鋳造したいと幕府に願い出ていた。すると翌元文三年七月、五月にさかのぼって十年間の期間限定で鋳銭を許可する旨の知らせが届く。それには長崎輸出銅の産出を減らしてはならないという条件が付けられたが、それ以外の条件を付けられることはなかった。これにより、秋田藩は城下南方の雄物川に近い川尻村、現在の秋田刑務所に当たるところに鋳銭座を設け、領内で産出された銅を用いて寛永通宝の鋳造を開始する。藩はこの銭を大量に鋳造し領内に供給したため、庶民の間に銭の使用が広まり藩の財政も一時的には潤った。

やがて領内への銅銭供給は過剰となり、元文五年、藩は秋田で鋳造した銅銭を大坂に廻漕して金銀に替えたいと願い出る。寛保二年（一七四二）五月、幕府がこれを許可すると、秋田藩は大量の銅銭を大坂へ送った。その額は四万から五万貫文にも達するのではないかと見られている。それにより大坂の銭相場は下落し経済の混乱を招いたため、大坂銭座の反対にあって、秋田銭の大坂廻漕はこの年の内に廃止となった。しかし、領外移出の途を閉ざされた秋田銭はその後も鋳造

秋田藩鋳造の寛永通宝
（『秋田市史第三巻近世通史編』174Pより）

され続けたから、需給関係を越えて大量に領内に供給されることになった。

延享二年（一七四五）二月、当初許可された十年間にあと三年を残したところで、秋田藩の鋳銭事業は、突然幕府より中止を命じられる。これは、秋田藩だけの問題ではなく全国規模で銅銭の供給が過剰となったためらしいが、詳しい理由はわからない。これが原因してか寛延元年（一七四八）十月、今宮は家老職を解かれた。在職二十八年目にして突然の解任だった。このとき、ふたりの財用奉行も同時に罷免されているので、おそらく義峰から財政の失敗を問われたものだろう。その翌寛延二年八月、義峰も六十歳にして久保田に没し、秋田藩享保改革は未完のまま終わった。

六代藩主佐竹義真

十八世紀の後半は、浅間山の噴火や東北地方を襲った冷害など自然災害が多発し、人びとの不安を増大させ社会の混乱を招いた。だが、その根底には生産と流通に自由な活路を見出そうとした民衆の動きと、それに反してあくまでも本途物成《ほんともの なり》★の米年貢に経済の基本を置こうとした幕府や諸藩とが激しくぶつかり合ったところに問題の本質があった。この時期は、幕末の動乱に向かって封建制の様々な矛盾が吹き出し、社会が大きく動揺し始める時期でもあった。

▼本途物成
江戸時代、田畑に課された年貢の本体。検地の対象とならなかった山野河海の用益や産物に課された雑税を小物成（こものなり）という。

子に恵まれなかった義峰は、実家の佐竹壱岐守家とは別のもうひとつの分家大名佐竹式部少輔家から、佐竹義都の長男義堅《よしかた》を養子に迎え次の当主に据えようとした。ところが義堅は、寛保二（一七四二）年、五十一歳にして義峰より先に亡くなってしまう。そこで秋田藩は、義堅の子義真《よしまさ》を義峰の世継ぎとして改めて幕府に願い出た。これが許されて義真は後の秋田藩六代藩主となる。これを嫡孫承祖という。このとき、義真の実家では義堅の弟が夭逝して、義真以外に男子がいなかったので、佐竹式部少輔家は知行一万石を宗家に返納し、絶家となった。

新藩主義真を迎えた秋田藩にとって当面の課題は、若い藩主に正室を迎え一刻も早く世継を得て藩の安泰を願うことだった。そのため、宝暦元年（一七五一）、義真は初めて秋田に帰国した翌年の七月、加賀藩前田家より妻を迎え江戸で結婚した。ところが、家臣一同安堵したのも束の間、翌宝暦三年五月、義真は二度目の帰国を果たしたところで、その八月、急な病を発し看病するまもなく亡くなってしまった。まだ二十六歳の若さだった。

七代藩主佐竹義明

跡継ぎを決めないままの死は末期養子を禁じた幕法に触れ、改易されるかもしれない緊急事態だった。藩庁首脳部は慌て、急遽家老を江戸に送り、継嗣の件を

六代藩主佐竹義真（天徳寺蔵）

幕府に願い出た。それは、再び分家大名佐竹壱岐守家から当主義道《よしみち》の嫡子で三十一歳になる義明《よしはる》を義真の養子として迎えるというものだった。幸いこの願いは認められ、宝暦三年（一七五三）、義明は秋田藩七代藩主となった。

義明の実父義道は壱岐守家の二代目当主だが、実は佐竹東家《さたけひがしけ》からの養子だった。初代義長の子義峰が宗家を継いで五代藩主となったとき、義峰の弟は早世して男子がいなかったので、義長は東家から義道を迎え壱岐守家二万石を継がせたのだった。ところが、義道の代にも再び長男義明が宗家を襲封し壱岐守家を離れたので、今度は次男義敏《よしとし》が義道の世嗣となった。しかしこの後、義敏は父に先立って亡くなり、三男義忠《よしただ》が壱岐守家三代目を継ぐことになる。

こうして七代藩主佐竹義明が治世を開始するころ、江戸では実父の分家大名佐竹義道や実弟の義敏ら壱岐守家が義明を支えた。一方、秋田の国許では義道を壱岐守家に送り込んだ佐竹東家の発言力が増していた。その東家では義道の父義本《よしもと》が宝暦二年に亡くなって、義道より十三歳若い義道長弟の義智《よしとも》が東家当主の座にあり、さらにその弟義邦は角館北家の佐竹義拠《よしより》の養嗣子となっていた。次に述べる宝暦の銀札騒動が勃発する直前の宝暦五年には義拠が隠居し、義邦が北家の当主となっていた。そして、秋田藩最大の疑獄事件ともいえる銀札騒動が起こったとき、この佐竹義智や佐竹義邦ら義明の叔父たちが、事態を鎮静化し義明が重い処罰を下す上で重要な役割を果たすことになる。

七代藩主佐竹義明（天徳寺蔵）

銀札騒動

　このころ、財政難に苦しむ諸藩の中には、その領内でのみ通用する紙幣を発行して窮状を打開しようと試みる藩があり、秋田藩もそれに倣って、銀札の発行を幕府に願い出ていた。藩は銀札を領内に流通させ、領内の銀貨を回収しようと計画した。秋田藩の経済は上方と同じく銀貨を基本通貨とする経済圏だったから、幕府は宝暦四年（一七五四）七月、秋田藩の発行する銀札が幕府の銀貨と支障なく交換されることを条件に銀札の発行を許可した。

　銀札は銀二分札から最高百匁札まで一一種類で、正銀への兌換を担当する札元には領内一円から地主や豪商たち三四名が選任された。しかし、領民は支払いには銀札を用い、多くは銀貨を退蔵しようとしたから、藩の思惑通りには銀札は普及しなかった。そこで藩は、年貢米以外の米を強制的に買い上げ、その支払いに銀札を充てて無理やり銀札を流通させようとした。その結果、激しいインフレが起こり民衆の不満は高まった。初の帰国を終えて江戸に戻った義明は、宝暦六年十一月、これを聞いて銀札担当の家老を罷免しその責任を取らせた。

　ところが、問題はそれで収まらなかった。美濃国茶商人が秋田領で販売した茶の代金を銀札から正銀に換えて持ち帰ろうとしたところ秋田藩の札元は、二年続けてその兌換を拒否したのだった。そのため、彼らはこれを不当として幕府に訴え出た。そして宝暦七年正月、秋田の商人に江戸出頭を命じる幕府からの指令書を携えた美濃商人が久保田にやってきた。正銀との兌換を保証することが銀札発行を許された条件だったから、これは幕府の命令に違反する重大問題だった。

　このとき、秋田藩の家老は就任した順に小瀬《おぜ》伊通《これみち》・大越徳国《おおこしのりくに》・梅津忠告・石塚《いしづか》義陳《よしのぶ》・岡本元貴《おかもともとたか》・山方憲自《やまがたのりより》ら六名で、いずれも義明によって任命された者たちだった。大越は義明に随行して江戸藩邸に詰めており、残りの家老たちは奉行衆に命じて美濃商人の訴えを示談に持ち込ませる一方、それまでの銀札担当者を一斉に更迭し、代わりに能代奉行平元正直《まさなお》の建議を入れて銀札仕法を継続させることにした。

　本来、問題はこれで一件落着となるはずだった。だが、平元が提案した仕法の詳細は不明ながら、銀札を流通させて領内の銀貨を回収し、他国商人には兌換を保証するという方針に変わりはなかったから、他所で獲得する銀貨を増やさない限り、他国商人への支払いで領内の銀貨が底を突き、やがて行き詰まってしまうことは目に見えていた。秋田藩が中央市場で銀貨を稼げる最大の商品は年貢米だったが、そこで得た幕府貨幣は江戸藩邸や参勤交代の費用に充てられ、銀札兌換用に領内に回される分は限られていた。しかも平元の建議を採用した家老たちの間には微妙な意見の食い違いがあった。

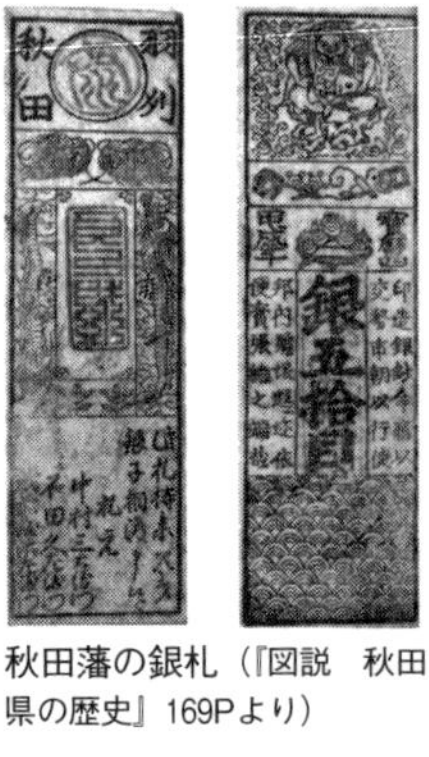

秋田藩の銀札（『図説　秋田県の歴史』169Pより）

宝暦七年（一七五七）四月二十五日、佐竹義明は就任以来二度目の帰国の途についた。それに先立ち小瀬が江戸に出て藩邸の留守を預かった。国許の家老は梅津・山方・石塚・岡本の四名で、平元の銀札仕法に不安の念を抱いていた梅津は、逐一、大越に書を送り、大越を通して義明に平元案の難しさを訴えようとした。それに加え、山方と石塚・岡本両名の間にも意見の対立があって、山方は義明が秋田に着くころ合いを見計らい、五月十七日、刈和野宿に着いた義明に宛てて書を送り、石塚・岡本の両家老を「国家の害、浅からず」と訴えたのだった。

国許家老たちの対立の根深さを改めて思い知った義明は、横手城代戸村義孚《よしさね》を呼び寄せ、戸村配下の横手給人たちに物々しく警護される中を久保田に着城した。義明は最初、山方の意見に従い、石塚・岡本両名の出仕を禁止したが、やがて、山方の主張が全面的に正しいものではないことに気付く。そこで義明は、大館城代佐竹義村《よしむら》を久保田に呼び寄せ、戸村とふたりでことの審議に当たらせた。

その結果、山方の非が明らかとなり、六月六日、山方には切腹が命じられ、翌七日には、藩政を混乱させた罪で梅津・大越両名を終身禁固とし、大越には嫡子への家督相続も許さなかった。その他この騒動に関連した多くの役人が処分され、秋田藩は七月七日、銀札の通用を全面的に停止した。こうして幕府認可からわずか三年で成果を見ることなく秋田藩の銀札仕法は失敗に終わった。

④ 藩政の混迷

年少の新藩主に幕府から国目付が派遣される。江戸藩邸の焼失、久保田城本丸・二の丸の炎上に天明の飢饉が追い打ちをかける。十三割新法も家臣の反対にあって失敗する。

八代藩主佐竹義敦

銀札騒動が収束した翌宝暦八年（一七五八）三月、国許にあった義明は三十六歳の若さで急死した。治世わずか六年の短さだった。幸い義明には嫡子義敦《よしあつ》十一歳がいたため、義明が亡くなった年の五月には幕府より義敦の家督継承が認められた。しかし、義敦は年少ゆえ帰国して藩政を執ることはできず、宝暦九年四月、幕府は旗本安西彦五郎《あんざいひこごろう》と建部荒治郎《たけべあらじろう》の両名を国目付として秋田に派遣し藩政全般を監察させた。

国目付両名は秋田に下り、領内を巡見して内情を視察すると同時に、家老らに命じて秋田藩の実情をまとめた詳細な報告書を提出させた。若い藩主に代わって広大な秋田藩領を監察し、その実状を幕府に報告するには細かな情報が必要だっ

八代藩主佐竹義敦（天徳寺蔵）

た。これにより当時の秋田藩の実態が余すことなくすべて幕府に知られるところとなった。そしてまた、この報告書の控が現在、秋田県公文書館に残されており、宝暦年間の秋田藩を知るのに欠かせない貴重な史料となっている。

八代藩主義敦に帰国の許可が下されたのは明和二年（一七六五）、十八歳のとき。その年の五月、義敦は初めて秋田の地を踏んだ。その義敦を待ち受けていたのは藩の厳しい財政難だった。前年末には幕府から初入部の内示が伝えられ、義敦に従って秋田に下向する人員が検討されたが、それに先立って十月、義敦は節倹の旨を厳しく訓示し、本陣・道・橋そして城中の座敷廻りに至るまで一切修復の必要はない、見ぐるしい様子など毛頭気にすることはない、と命じている。そして下向直前の三月には、「国産衰廃して財用大いに窮し、今年就封の費用支えがたき」として、藩主義敦の名において家臣一同より知行百石に付き白金一〇銭を借り上げる旨を命じている。

こうして初入部を果たした義敦は、明和三年春、江戸に戻る。その翌明和四年には二十歳となり、土佐藩高知二十四万石から山内豊敷《やまうちとよのぶ》の娘を妻に迎え、二月、江戸藩邸で婚礼の儀を執りおこなった。秋田藩はこれにも多額の出費を強いられ、側用人の太田乾運を上方に派遣して金策に当たらせている。婚礼を無事済ませた翌日、義敦は太田に褒美として小刀一腰を与えその労をねぎらった。

同年五月、義敦は二度目に帰国すると、藩政刷新の意欲を示す。前回の初入部

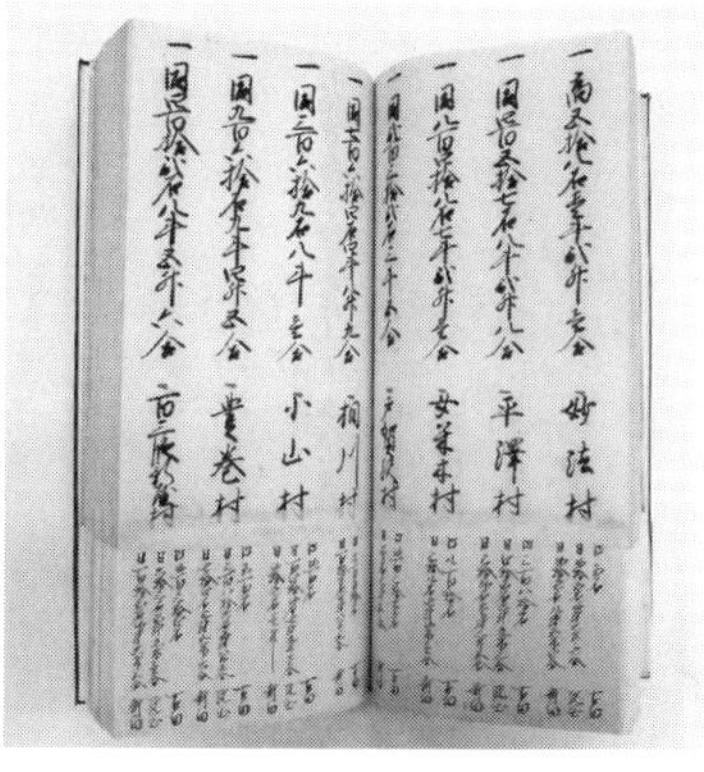

「出羽国秋田領郷帳」（宝暦十年）
（秋田県公文書館蔵）

に当たっては、義敦は城外の土手長町《どてながまち》にあった政務所に自ら出向き、奉行衆より藩政全般を聴取していた。その場所は現在の秋田中央警察署の北方で、通町橋を東に渡った北側にあったと思われるが、藩政を刷新するに当たり義敦は、その役所を城内に移すことにした。そして、その政務所で、執政たる家老と諸奉行から改めてそれぞれの担当ごとに詳しく政治の内実を聴き取っている。この政務所は家老が諸奉行を指揮して政治を執りおこなう藩の政庁であり、義敦はこれを城内に移して藩政改革に向けた基盤固めをしようとしたのだった。

久保田城本丸炎上

ところが、頻発する火災がこの時期の藩政に大きな打撃を与えた。明和九年（一七七二）二月二十九日、江戸の南部、行人坂に端を発した火災は江戸の町を焼きつくした。このとき、秋田藩では下谷と柳原にあった二カ所の藩邸もことごとく焼失している。行人坂は現在の山手線目黒駅から目黒川に下る坂で、下谷は江戸城の北方、台東区西方に位置し、柳原の屋敷は足立区南部、千住地域の東方にあったから、共に火元からは随分離れていた。それでも焼失したのだからこのときの被害規模の大きさがわかるだろう。

江戸藩邸の再建には多額の費用を要したが、今度はあろうことか国許で居城が

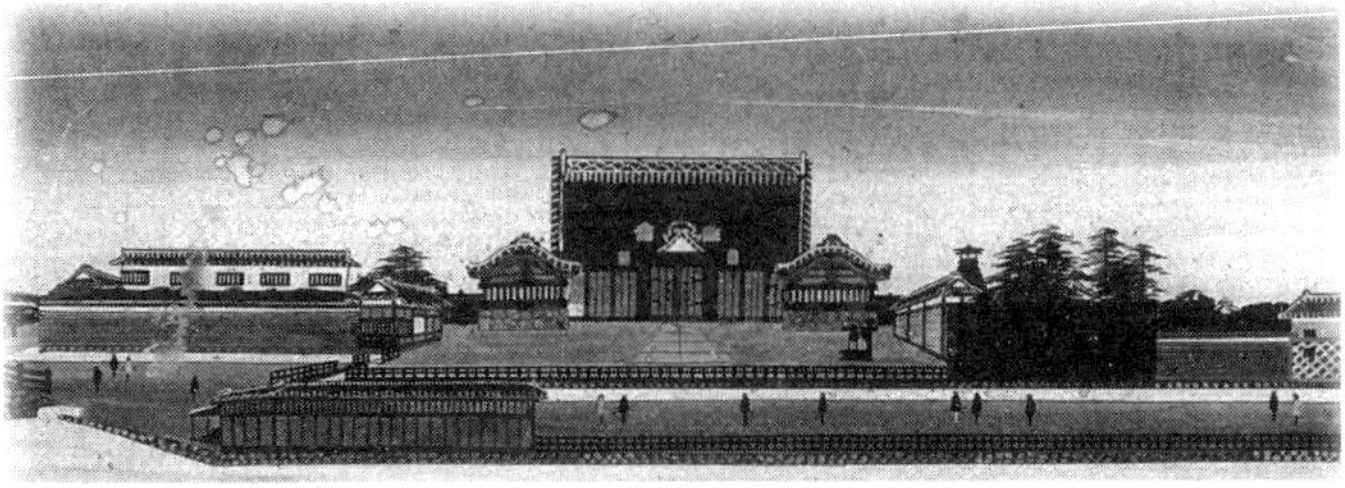

秋田藩江戸藩邸
（ベルリン国立アジア美術館蔵「熙代勝覧（きだいしょうらん）」）より

焼失するという災難に見舞われる。藩主帰国中の安永七年（一七七八）閏七月十日の深夜、本丸から火の手があがり城内にあった建物の大半を焼失した。この火事では藩主に仕える医者ひとりが焼死したが、怪我人ふたりを数えるのみで人的被害は最小限に抑えられた。しかし、これによる経済的な損失と藩政に与えた影響は計り知れないものがあった。

　そもそもこの年の春、義敦は江戸に向けて参勤すべきところ、秋田藩はその費用に窮し、側用人の太田乾運と本方奉行の岩屋朝英を大坂に派遣して金策に当たらせていた。太田は以前、義敦の婚礼費用を上方で工面するのに成功していたから、その例に倣ったものと思われる。ところが今回はその金策に失敗し、両名は資金を用立てることができなかった。それがために義敦は国許を発することができず、病気を理由に参勤の遅延を幕府に願い出るしかなかった。そして、太田と岩屋の両名は職を解かれ、知行三分の一を減じられて終身禁錮★の処分となった。

　久保田城本丸炎上の後、藩主義敦は、中土橋の南方すぐのところにあった佐竹東家の屋敷に一旦入り、その月の終わりには三の丸の渋江氏の屋敷に居を移し、ここを三の丸仮御殿としている。渋江氏は梅津氏と共に初代藩主佐竹義宣によって取り立てられ、藩政の確立期に重きをなした功臣だった。そのため三の丸の城内に屋敷を与えられ、その場所は現在の秋田県民会館があるところで、このときは被災を免れた。しかし、城内でその上の段にあった二の丸と、さらにその上の

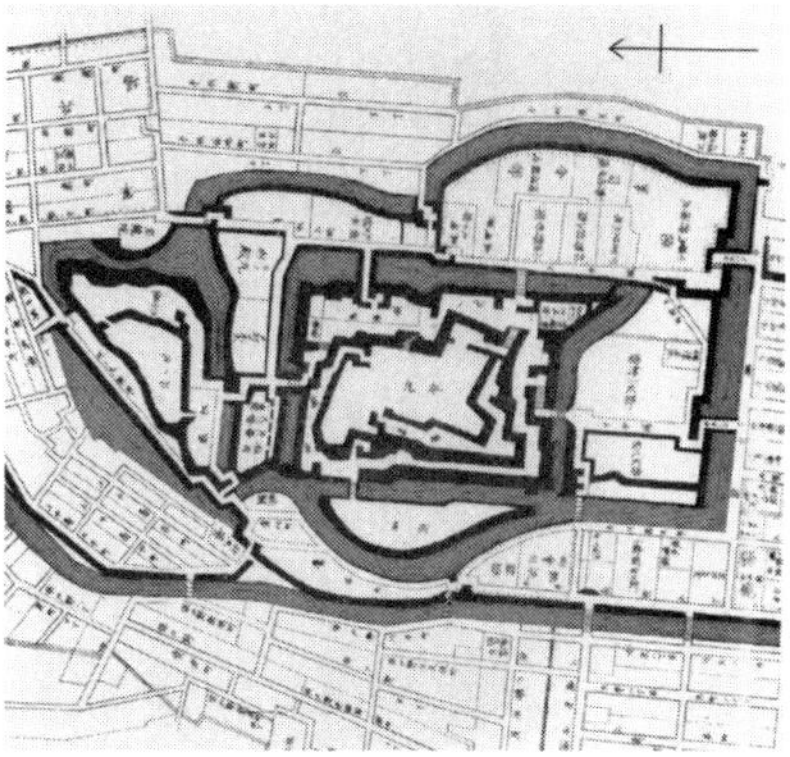

久保田城三の丸
（『秋田沿革史大成　上』付録より）

▼**禁錮**
室内に閉じ込めて外出を禁じる刑罰。

本丸にあった建物はことごとく焼失した。焼失した建物は城中の役所八カ所と記録されている。将軍より拝領した領知判物をはじめ重要書類は持ち出せたようだが、多くの文書類がこのとき灰燼に帰した。それまで政務所と呼んでいた政庁を同月二十五日以降は御用所と呼ぶよう家臣一同に触れ渡していることから、政庁も被害を受けたことは間違いない。これは、義敦にとって藩政刷新どころか、藩政の機能維持さえ危ぶまれる事態だった。

城の再建には巨額の費用が予測され、藩はその月の内に、建設工事に当たる者たちの労賃を抑えようとして「多分の雇代を望んではならぬ」と村々に触れ渡している。そして翌八月、秋田藩は居城の復旧に当たり三万五〇〇〇両の借用を幕府に願い出た。しかし、幕府から貸し付けられたのは一万両だけだった。同年九月二十一日、秋田藩は幕府からの借金を毎年一〇〇〇両ずつ返納し十年間で完済するよう老中松平武元《まつだいらたけちか》★より申し付けられている。この資金を見込んでのことか、安永七年十月二日、義敦はようやく秋田を発って参勤の旅に向かうことができた。

義敦の病は仮病ではなかった。江戸に向かう道中から体調が優れず、江戸に着いてからも定例だった幕閣への挨拶に出向かず、藩邸の留守居★に代わりを務めさせている。この当時、幕府で権勢をほしいままにしていたのは老中田沼意次《たぬまおきつぐ》だった。田沼は進物を好み、賄賂政治をおこなった人物と批判されるが、義敦は江戸に着いた翌々日の十月二十五日、留守居の佐藤祐英を田沼の屋敷に行かせ、前年

▼**松平武元**
上野国（群馬県）館林藩五万四千石の藩主。

久保田城遠景
（秋田市蔵「秋田街道絵巻」より）

までの凶作とこの年の居城炎上を理由に贈り物の数を減らしたいと願い出ている。

家老の更迭と天明飢饉

安永八年（一七七九）は藩主帰国の年だった。だが、義敦は二月下旬から病気のため定例の江戸城登城さえできないでいた。義敦の病気は「痞疾《ひしつ》★の患」だという。それは、腹いた、胸もとにものがつかえふさがる苦しみだというが、ストレス性の胸部疾患だろうか。四月下旬には、明らさまに帰国の費用に差し支えていると幕府に訴え、江戸に留まりたいと願い出ている。秋田藩が参勤交代の費用を捻出するのに窮していたのは本当だった。この後、にわかには信じがたいところだが、義敦はこの年もその翌年も「痞疾」あるいは「積疾《せきしつ》★」を理由にして江戸城に登城せず、ついには幕府から江戸滞留許可を勝ち取っている。

そして義敦は、安永九年五月、これほどまでの財政難に陥ったのは、「執政者の緩怠《かんたい》（怠け）に因る」と断じ、岡本元貴《おかもともとたか》と塩谷久綱《しおのやひさつな》のふたりの家老を罷免し、真壁登幹と戸村真常《とむらまさつね》の両家老には厳重注意を申し付けている。そしてさらに、小《お》野《の》岡義年《おかよしとし》と小瀬伊章《おぜこれあき》を家老に任じ、今宮義栄《いまみやよしひで》を辞めさせている。藩庁首脳部の大幅な入れ替えによってこの難局を乗り切ろうとしたのだった。

義敦が帰国したのはその翌年の天明元年（一七八一）で、翌二年には江戸に戻

▼留守居
江戸藩邸を与る責任者で、幕府や諸藩との連絡・交渉を担当した。

▼痞疾
胸もとにものがつかえふさがり苦しい病態。

▼積疾
久しく病が癒えない状態。

るが、結局これが最後の参勤となった。天明三年、本来は春に帰国すべきところ、病気を理由にして十二月まで先延ばしする策を取り、ついには同四年の正月を江戸で迎え、二月にはまたしても江戸在留許可を獲得している。だが、病魔は確実に義敦の体を蝕んでいた。天明五年四月一日、ようやく平癒して久し振りの登城を果たしたものの、六月十日、ついに三十八歳の生涯を閉じている。

　義敦晩年の五年間は、国許では凶作から飢饉へと進む不作続きだった。秋田藩が幕府に届け出た作況報告によれば、天明元年は旱雨《かんう》、すなわち日照りと水害で十一万石余の損害があり、同二年は洪水と蝗害《こうがい》★で秋になっても実らず十三万五千石余の損失だった。そして、浅間山が噴火した同三年には秋田藩も飢饉となり、藩財政はいよいよ逼迫した。天候はむしろ同四年の方が深刻だったと秋田藩はいう。旧暦の五月から八月まで雨が降らず、旧暦とはいえ九月には早くも雪が降るという異常気象だった。この年の損害額は十五万五千石余と報告されている。

　しかし、その一方で前年の天明三年には禁止した新酒の醸造を、四年には全面解除している。この点を見ると、被害の実態については慎重に見極めなければならない。幕府への損害報告が誇張されたであろうことは想像に難くない。

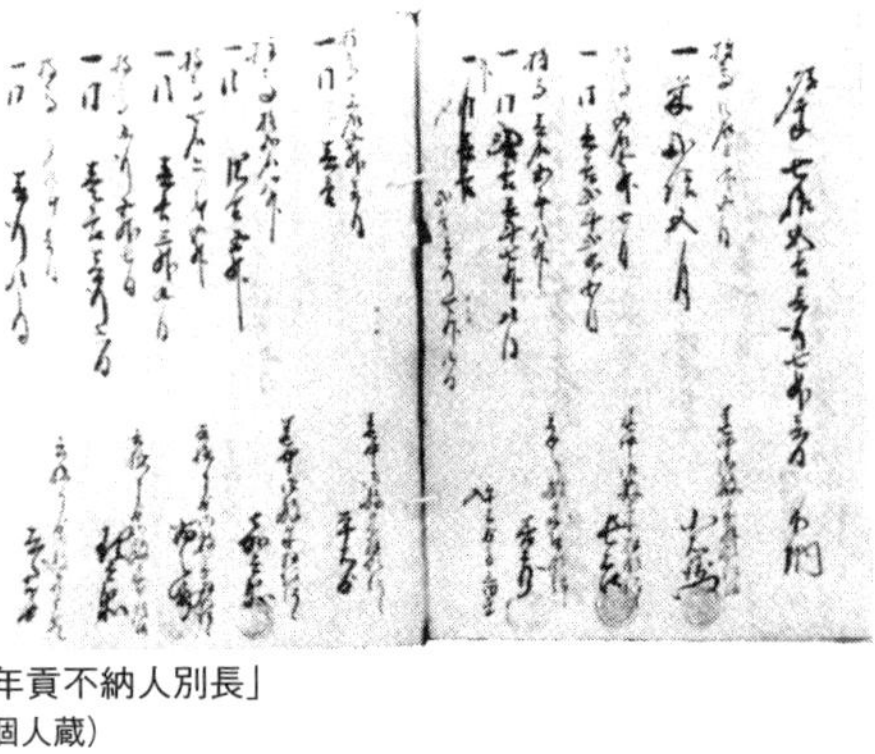

「年貢不納人別長」
（個人蔵）

▼蝗害
イナゴなどに作物が食い荒らされる被害。

十三割新法

義敦の治世を振り返ると、藩主としての在任期間こそ二十七年と長い。しかし、最初の七年間は若年ゆえ帰国も許されず、幕府から国目付が派遣され、その監察を受けなければならなかった。そして、明和二年（一七六五）に初入国を果たして以降は、災害と厳しい財政難とに立ち向かった二十年間だった。政庁を城内に移し藩政刷新を計ろうとするも、見るべき成果をあげられぬまま肝心の本丸が焼失してしまう。財政難を克服して藩政を立て直すには、藩の職制全般を改革して取り組む必要があった。そのためには藩主の強力な指導力が不可欠で、江戸から指令するのではなく、在国時に直接指令する必要があった。しかし、義敦は参勤交代の費用にも窮し、それどころではなかったのが実状だった。

とはいえ秋田藩がまったく手をこまねいていた訳ではない。そのひとつに十三割新法とよばれる新仕法《しんしほう》★があった。それは、天明四年九月に打ち出されたもので、それまで秋田藩では藩士たちは自分の知行地村々から直接年貢を徴収していたが、それを変更して藩の直轄地を管轄する代官が、藩士の知行地に関わりなく一括して村々から年貢を徴収する方式に改めるという大改革だった。

村方では例年、年貢徴収にやってくる侍たちの宿泊費・食事代をはじめ交通費に至るまで費用一切を負担しなければならず、願いごとがあれば、そのたびに知行主である藩士が暮らす久保田城下にまで出向かねばならなかった。新仕法ではそれら一切の事務を藩の代官が執行する代わりに、諸経費相当分として年貢を三

▼新仕法
新しい方策、やり方。

仙北郡の穀倉地帯

割り増しにするという大胆な計画だった。また、各地に代官所を設けて様々な願いごともすべてそこで受け付け、代官所には代官を派遣して常駐させるので、年貢三割増しでも全体を勘案すれば決して大幅な増税にはならない、というのが藩側の理屈だった。

これは、家老を罷免された塩谷久綱《しおのやひさつな》が天明元年（一七八一）七月、家老に復帰を許されてから案を練り、実施に移したものだという。藩士たちには、年貢徴収のわずらわしさを代官が肩代わりし、年貢の未納分は代官所より立て替えるとまでいって説得した。しかし、これは藩士たちにとって年貢徴収権の制限にほかならなかったし、農民たちにとっては年貢増徴策以外の何物でもなかった。農民たちがこれを見抜けぬはずはなく、一斉に反対の声があがり、施行してわずか二カ月後の十一月には撤回され廃止となった。

この新仕法では、年貢徴収の実務に当たる領内各地の米蔵役や物書など代官配下の微禄の士に、特別手当の支給を約束するなどして、彼らが村方に不正な要求をしないよう配慮している。また、代官を任地に常駐させてまでこの仕法を実現しようとしている。しかし、それは藩の職制全体から見れば、一部現地役人の小手先の改変でしかなかった。真に藩政を刷新し改革に向かうためには藩の職制を根底から見直す必要があった。それには、藩主が在国し、その下で強力に改革を推し進める政治基盤が欠かせなかったのだが、義敦にはその基盤がなかった。

第二章 秋田の産業

秋田は金・銀・銅の鉱山に恵まれ、豊かな秋田杉の美林が広がる。

仁鮒水沢スギ希少個体群保護林（写真提供＝能代市環境産業部観光振興課）

1 人びとの交流と秋田蘭画

藩領を貫く羽州街道が整えられる。

藩は菜種栽培など新しい商品作物の栽培を模索する。

小田野直武は平賀源内から洋風画の技法を学び、藩主佐竹義敦と共に秋田蘭画を花開かせる。

藩領を貫く羽州街道

秋田藩領を南北に羽州街道が縦貫している。日本橋を起点にした日光道中が千住宿を最初の宿駅として北に延び、途中、宇都宮の城下で分岐して陸奥国の入り口、白河に至るのが五街道の奥州街道だった。幕府が直轄するのはここまでだが、奥州街道はそのまま北進し、福島・仙台・盛岡の城下を経て青森湊まで通じている。羽州街道は、福島城下をひとつ北に進んだ福島県伊達郡《こおり》桑折町の桑折宿から西へ分かれて奥羽山脈を越え、現在の山形・秋田両県を通り抜け、さらに弘前城下を経て青森湊で再び奥州街道に合流した。

秋田藩佐竹氏はこの道筋を辿って江戸藩邸との間を上り下りし、弘前藩津軽氏やその分家の黒石藩も参勤交代に利用した。また、出羽丘陵西側の日本海に面

「足栗毛」の戸島宿
（秋田県立博物館蔵）

した由利《ゆり》郡の亀田《かめだ》藩岩城《いわき》氏や本荘《ほんじょう》藩六郷《ろくごう》氏も秋田領南部でこの羽州街道に出て、江戸へ行き来したし、江戸時代初期には蝦夷地の松前氏もこの街道を利用した。

街道は諸藩の参勤交代のために整備され、道筋には荷物の継ぎ立てや、宿泊・休憩のための宿場町が整備された。秋田藩ではこの宿駅を駅場《えきば》とよび、駅場には荷物を運ぶための人足と馬が常備され、その者たちを差配するのが問屋で、問屋

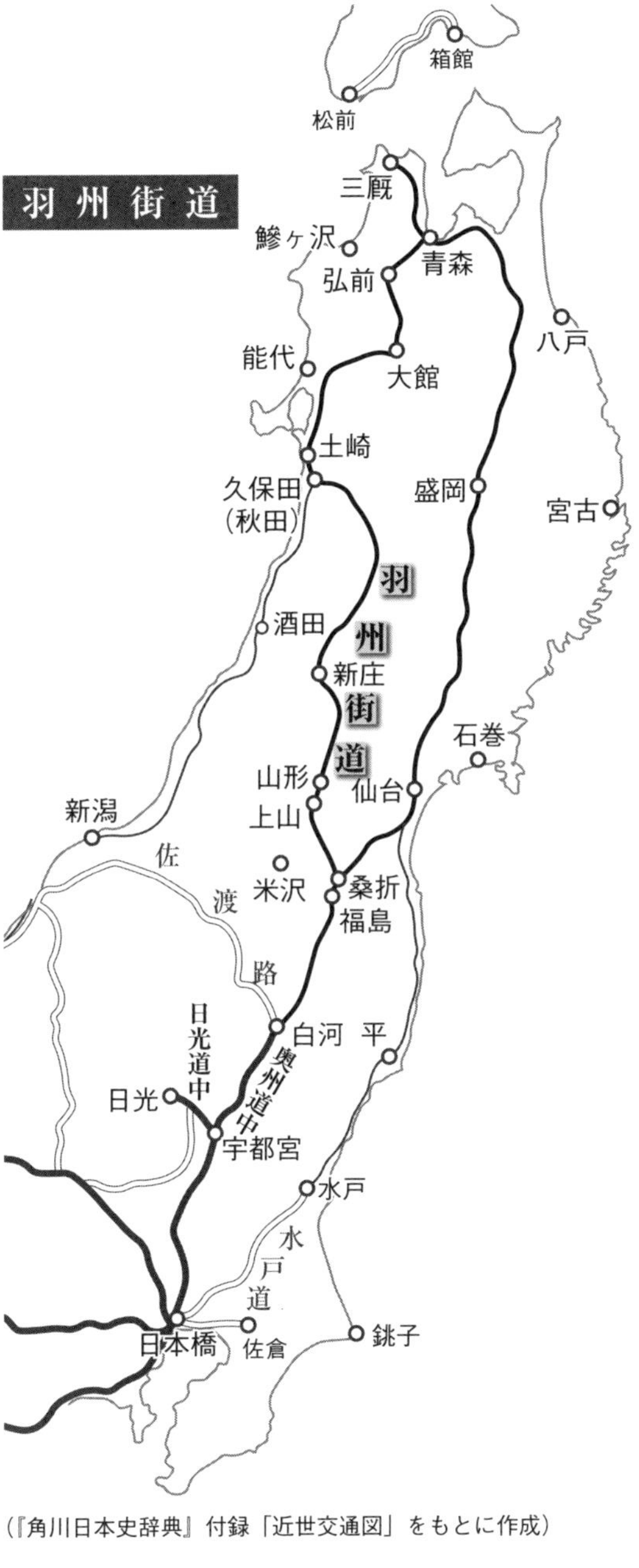

（『角川日本史辞典』付録「近世交通図」をもとに作成）

を帳本《ちょうもと》、駅場全体の責任者を駅場肝煎といった。小規模な駅場では、その駅場を抱える村の肝煎が駅場肝煎を兼務することもあり、また、駅場肝煎が帳本を兼ねることもあった。宿駅にとって諸藩の参勤交代は準備も含め数日間の負担ではあったが、大量の集中通行には単独の宿駅では対応しきれなかったので、秋田領内にも周辺の村々に人足や馬の出動を割り当てる助郷《すけごう》の制度があった。

正保四年（一六四七）、国絵図の作成に伴って秋田藩が羽州街道の宿駅など交通情報を幕府に報告したところによれば、藩領南部、新庄藩から杉峠を越えて最初に入った宿駅が院内で、以後、湯沢・横手・金沢《かねざわ》・六郷《ろくごう》・大曲《おおまがり》・神宮寺《じんぐうじ》・刈和野《かりわの》・境《さかい》・戸島《としま》を経て久保田城下へと通じていた。この内、院内・横手・六郷・刈和野の各宿駅には弘前藩津軽氏が本陣を設定している。本陣は宿場町の旅籠で、大名が宿泊する際の定宿としてあらかじめ指定を受けた旅館だった。

一方、佐竹氏は御休所《おやすみどころ》と称して藩主専用の施設を営み、自領内の宿駅には本陣を設けなかった。御休所は、戸島・刈和野・六郷・横手・院内にあって、日ごろは藩の足軽《あしがる》がここに勤番し、参勤交代時には藩主の宿所として利用された。また、秋田藩は参勤交代を利用して城代・所預のもとに居住した藩直臣の在郷給人《ざいごうきゅうにん》たちを各宿駅で接見した。たとえば、羽州街道から外れた角館居住の藩士たちは、大曲駅に待機し、そこで藩主の上り下りごとに謁見している。これは、藩主の存在を身近に感じる機会の少なかった在郷給人たちにとって、主従関係を再確

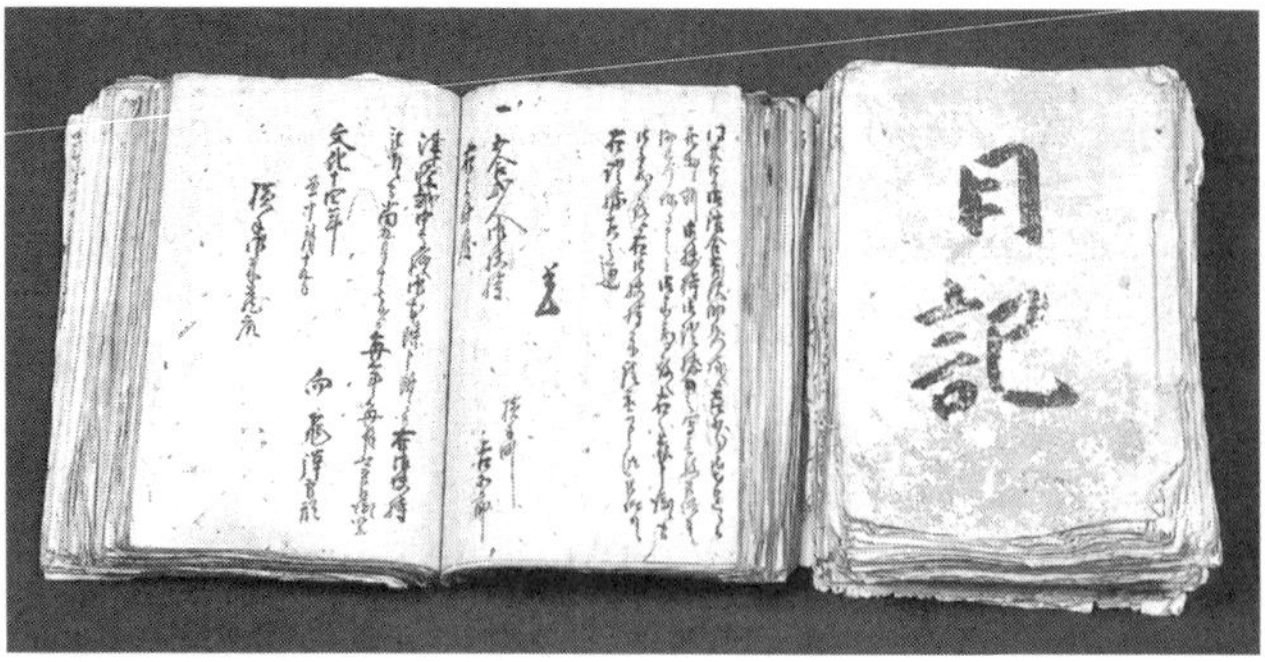

「横手町本陣日記」
（松本家文書）

認する貴重な場でもあった。

羽州街道においても時代の進行とともに交通量は増え、宿駅にとって荷物の継ぎ送りが過重な負担となっていった。そこで藩は、街道沿いの近隣の村方を指定して宿駅の助成を申し付けた。それは一カ月を前後十五日ずつに二分し、下半分はその宿駅の業務を休ませ、代わって近隣村方に宿駅の仕事を負担させるという方式だった。これに指定された村を間宿《あいのしゅく》といい、院内の間宿には横堀《よこぼり》村が指定され、金沢宿には金沢中野《かねざわなかの》村、神宮寺宿には北楢岡《きたならおか》村、境宿には上淀川《かみよどがわ》村、そして戸島宿には式田宮崎村が間宿となり、それぞれ半月ずつ宿駅の勤めを果たした。

ふたつの本街道

藩領北部に目を転じると、久保田城下を出た羽州街道は、正保年間の記録では大久保《おおくぼ》・大川《おおかわ》・鹿渡《かど》・森岳《もりたけ》・檜山《ひやま》・鶴形《つるがた》・飛根《とびね》・切石《きりいし》・荷上場《にあげば》・小繋《こつなぎ》・今泉《いまいずみ》・前山《まえやま》・綴子《つづれこ》を経て大館城下に至り、それより釈迦内《しゃかない》・白沢《しらさわ》を経て津軽との藩境矢立《やだて》峠へと通じていた。

久保田城下より南の藩境杉峠までは三〇里七町三〇間、約一一八キロメートルで、そこに一〇カ宿あった。これに対し、北の藩境矢立峠までは三三里三〇町一二間、約一三三キロメートルで、宿駅の数は一六カ宿だった。三種町森岳は当時、

秋田藩領を貫く羽州街道

1	院内
2	湯沢
3	横手
4	金沢
5	六郷
6	大曲
7	神宮寺
8	刈和野
9	境
10	戸島
11	久保田
12	土崎湊
13	大久保
14	大川
15	鹿渡
16	森岳
17	檜山
18	鶴形
19	飛根
20	切石
21	荷上場
22	小繋
23	今泉
24	前山
25	綴子
26	大館
27	釈迦内
28	白沢
29	能代
30	八森
31	岩館

（『秋田県史第二巻　近世編上』をもとに作成）

森岡と表記していたが、秋田藩の報告書によればこの宿を過ぎて檜山から大館まで約六五キロメートルの区間には一〇カ宿あって、特に宿駅が密集していた。

この区間は、西流する米代川に向かって北方の白神山地からいくつもの丘陵が南に延びており、街道はそこを何度も上り下りしたから、歩くには難儀する道筋で、仙北・平鹿方面や八郎潟東岸地域などの平坦部とは道路状況が大きく違っていた。幕府は荷物輸送の確実性と負担の公平性を期して宿継伝馬の制をしき、各宿駅の人馬は隣の宿駅まで荷物を継ぎ送ればよいと定めていた。そこで秋田藩は、この制度に従って宿駅間の距離が短くなるようこの区間にたくさんの宿駅を設定し、荷物を継ぎ送る人馬の負担が少なくなるよう配慮したのだった。

さらに、切石宿と荷上場宿の間で米代川を渡らなければならず、ここが交通上の難所となっていた。秋田藩は米代川上流から能代湊に向けて材木を流送していたし、また、大館方面に向かって帆を張った川船も遡上していたから、ここには橋を架けさせなかった。その代わり藩は、ここに渡し船を常備させ、通常の交通に支障をきたすことがないよう対処した。しかし、津軽氏の参勤交代などいちどきの大量通行に当たってそれでは足りず、近隣の川沿い村々に渡し船の応援に出る船をあらかじめ割り当てていた。その村々では弘前藩の参勤交代に合わせ、荷上場もしくは切石の渡し場に船を出し、両宿の渡船業務を支援することになっていた。これを助船《すけふね》の制という。

藩領北部では、大川の間宿に一日市《ひといち》村が、そして森岳の間宿には豊岡《とよおか》村が指定されたが、豊岡村は月の下旬十日間だけの負担だった。また、津軽氏の本陣は綴子《つづれこ》と森岳の両宿に設定され、やがてそこに土崎《つちざき》宿が追加される。それは、江戸時代初期の土崎村にはまだ宿駅が設定されていなかったからだった。土崎村に宿継伝馬の負担が申し付けられるのは、寛文元年（一六六一）からとされており、このころに湊町として発展していた行政上の土崎村が宿駅として認定され、久保田城下町人町同様、町奉行支配へと所管替えになったと見られる。

土崎湊は佐竹氏の入封直後、多くの町人が久保田城下への移住を命じられ、一時寂れるが、その後、秋田藩の外港として整備され繁栄を取り戻す。宿立《しゅくだて》されるころには南北に連なる一〇カ町が賑わい、家並みがすでにできあがっていたので、秋田藩が町場の基準とした道路に面した表間口四間幅の屋敷をここに作り出すことはできなかった。そこで、実際には間口が四間に足りなかったり、少し超過していたりしても、おおよそ四間の間口を一軒屋敷と認定し、そこに宿継伝馬の負担を割り当てる措置が取られた。このような間口認定の方式を小間割といい、土崎宿に残る小間割が、宿の成り立ちを今に伝えている。

また、正保年間には、羽州街道は山本郡の森岳で分岐し、当時、野城と書いた能代宿を通り、八森宿から岩館を経て津軽領大間越へと抜ける道筋もあって、大館、矢立峠越の街道同様、ここも本街道として秋田藩は幕府に報告している。つ

羽州街道の松並木

まり江戸時代初期、津軽領からは碇ヶ関《いかりがせき》、矢立峠を越えるルートと、それとは別に鰺ヶ沢《あじがさわ》・深浦《ふかうら》を通って海岸沿いを南下するルートがあり、この二つともに宿駅の設置された本街道だった。

海岸沿いの道筋は、戦国時代末期、南部氏から独立した津軽氏が、京・大坂に君臨する天下人太閤秀吉《たいこうひでよし》のもとに参観するのに利用した道だった。津軽氏は、江戸時代になってもしばらくの間、南部氏の支配する鹿角境から離れたこの海岸ルートを選んで江戸へ往来することがあった。しかしこのあと、津軽・南部両氏の関係が次第に修復されるのに伴い、やがて羽州街道は碇ヶ関・矢立峠越のルートに一本化される。

菜種油の普及と都市生活

十八世紀の後半、頻発する火災が八代藩主佐竹義敦の前にはだかった。政庁を城内に移転した直後、明和四年（一七六七）六月四日、久保田城下茶町より火の手があがり町人町十数町が類焼した。これより先、宝暦十二年（一七六二）七月には横手城下でも大火があり、四〇〇軒余りが延焼しているし、安永八年（一七七九）六月の夜には角館町で二八〇戸、同年九月には六郷村で一一六戸が焼け、天明三年（一七八三）四月には久保田城下で再び大火が起こって、民家二〇七九

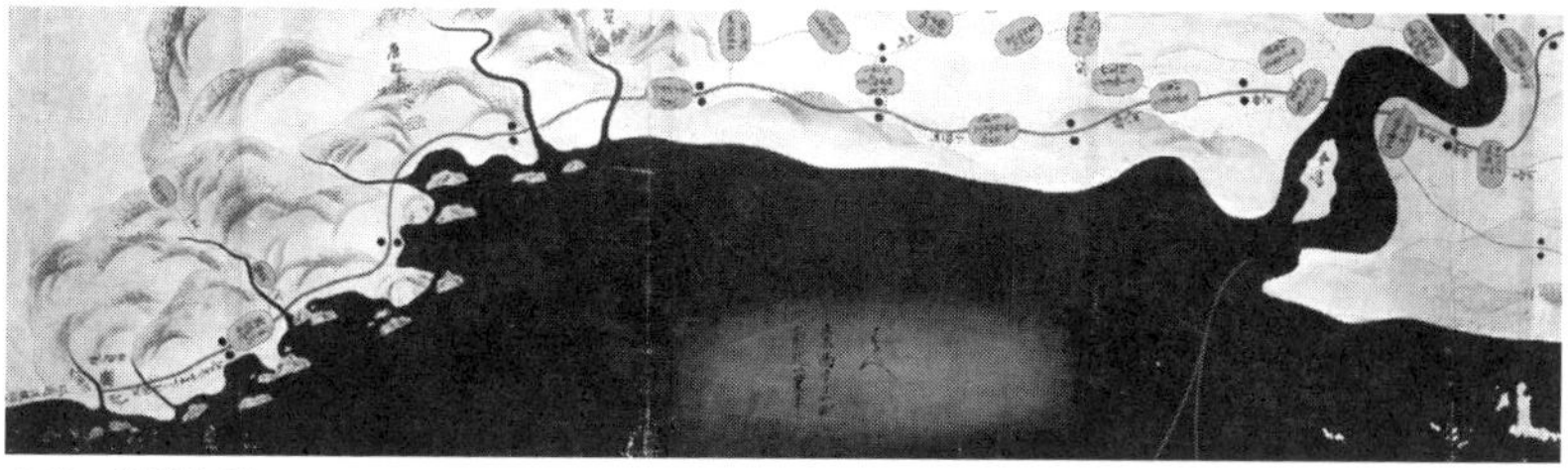

八森・岩館海岸
（秋田公文書館蔵「六郡絵図」）

軒が焼失したという。

六郷村は羽州街道の大きな宿場町だった。また、角館の火災と天明三年の久保田大火はいずれも夜間の失火だった。こうした点を考えると、失火の原因は冬季暖を取るための火ではなく、明かりを取る行灯ではなかったかと見られる。つまりこれは、十八世紀の後半、秋田藩領においてもその町部では江戸と同じように夜間、明かりを灯す生活が普通になっていたことを示唆している。当時、明かりを灯す菜種油の生産が進み、その使用が都市部に普及したのだろう。

義敦治世晩年の天明三年四月、藩は能代町人山田十太郎《やまだじゅうたろう》の献策を受けて、秋田郡と山本郡に関しては菜種の種子販売と買い取りを山田に独占させている。この両郡はもともと米作りに恵まれない地域だったから、藩も畑地での商品作物として菜種の栽培を許可したものと思われる。さらに、秋田藩は仙北方面でも菜種栽培を想定し、久保田城下大町六町目の嘉藤平右衛門《かとうへいえもん》と土崎湊の菅沢治兵衛《すがさわじへえ》の両名を菜種買立所に指定し、独占的に菜種を集荷させようとしている。このとき藩は湊の「沖出《おきだし》★」に間に合うように買い集めるよう指示しており、他領への移出を計画していたらしい。

菜種は領内需要を満たすだけでなく、領外出荷を目指すほどの商品作物になっていたのである。しかし、その集荷に当たっては村役人に責任を持たせ、村単位の出荷しか認めないなど、まだ村の枠組みを利用した産業育成の段階に止まって

▼沖出
湊から船で積み出すこと。移出。

いた。とはいえこの点は、義敦政権が目指した新たな経済振興策として注目してよいだろう。

秋田蘭画

佐竹義敦は、江戸藩邸で薩摩藩主島津重豪《しまづしげひで》から以前より約束していた「阿蘭陀《おらんだ》絵《え》」が届いてかたじけないと感謝の手紙を受け取っている。手紙には、絵は義敦の家来が描いたもので、そのあまりな見事さに重豪が見とれて感心した様子が記されている。島津重豪は、娘が十一代将軍徳川家斉の妻になるなどして権勢を誇り、当時、蘭癖大名《らんぺきだいみょう》★として有名だった。江戸の大名社交界で重豪らと交流した義敦もまたオランダ絵に深く関心を寄せる蘭癖大名のひとりだった。

その約半世紀前、八代将軍徳川吉宗が実学を奨励し、キリスト教に関係のない西洋の書物を漢文に翻訳した漢訳洋書の輸入制限を緩めたことから、このころには医学や物理学など自然科学の分野で西洋の学問が世の中に普及しつつあった。それらを総称して蘭学といい、美術界もまた例外ではなかった。義敦も重豪も好んで西洋風の絵画を鑑賞したばかりか、義敦に至っては曙山《しょざん》と号して自ら絵筆を取るほどの熱の入れようだった。

その義敦の作画を支えたのが家臣の小田野直武だった。直武は杉田玄白《すぎたげんぱく》★や前野《まえの》

小田野直武「不忍池図」
（秋田県立近代美術館蔵）

▼**蘭癖大名**
江戸時代、蘭学に傾注し、西洋式の習俗にあこがれ模倣した大名。

▼**杉田玄白**
一七三三―一八一七。蘭方医。若狭（福井県）小浜藩の藩医。

良沢《りょうたく》★らが西洋医学の解剖書である『ターヘル＝アナトミア』を翻訳した『解体新書』に客観的で正確な挿絵を描いた人物として知られている。直武は寛延二年（一七四九）、角館給人小田野直賢の嫡子として生まれた。美術史家の研究によれば、直武は幼いころより狩野派《かのうは》の絵を学んだだけでなく、十八歳のときには肉筆の浮世絵も描いており、そこには当時江戸で流行っていた鈴木春信《すずきはるのぶ》★の作風の影響も見て取れるという。柘榴《ざくろ》を描いた写生画は、長崎で中国人画家から直接絵を学んだ江戸の楠本幸八郎《くすもとこうはちろう》こと宋紫石《そうしせき》★の画譜を手本にしたものではないかとされ、その写実性には西洋画に通じるところがあるという。

直武が角館に暮らす秋田藩士でありながらこれらの絵画を習得できたのは、直属の上司である角館の所預佐竹北家の当主義躬《よしみ》の理解があってのことだった。義躬は直武と同い年で、絵画への造詣が深く、後には自らも「桜花図」などの蘭画を描いている。

平賀源内と小田野直武

そもそも直武を蘭画の世界に導いたのは当代の奇才といわれた平賀源内だった。源内は四国讃岐《さぬき》の高松藩士で、藩の許しを得て長崎に留学して西洋の自然科学を学び、その後、江戸に出て植物学も学んだ。江戸では鉱山開発の技術者としても

▼前野良沢
一七二三―一八〇三。蘭方医。豊前（大分県）中津藩の藩医。

▼鈴木春信
一七二五―一七七〇。江戸で活躍した浮世絵師。錦絵の創始者。

▼宋紫石
一七一五―一七八六。江戸の人。長崎に遊学して宋紫岩から中国画を学ぶ。

『解体新書』（『ゆざわの文化財』より）

知られており、秋田藩は安永二年（一七七三）、もうひとりの鉱山技術者吉田理兵《よしだりへ》衛《え》と共に秋田領に招いて鉱山技術の改良について指導を仰いでいる。鉱山技術に関しては石見出身の吉田の方が優れ、吉田は阿仁の産銅が実は銀を多く含みながら有効に精錬されないまま捨てられている事実を知っていた。

直武と源内の出会いは、秋田藩による鉱山での技術改良という美術界とは無縁の要素がもたらしたものだが、江戸から阿仁に向かう源内たちが角館に一夜の宿を取ったことがそもそもの発端だった。つまり、久保田城下を通って羽州街道を北上し、それから米代川・阿仁川と川筋を遡るルートを通って阿仁銅山に向かうのではなく、源内たちが横手から角館を通り、大覚野峠を経て阿仁に直行する道筋を選んだことに注目したい。この大覚野峠は、秋田藩享保の改革を主導した今宮義透《よしすく》が、仙北・平鹿の年貢米を阿仁銅山の飯米用に直送できるよう山道を切り開いたものだった。したがって、今宮義透が半世紀後の直武と源内の出会いを導いたともいえるだろう。

角館で宿の屏風絵に絵師の非凡さを感じた源内は、その絵師を宿に呼び寄せた。それが小田野直武だった。そこで源内は、色合いの濃淡を用いて明暗をはっきりさせ、それによって立体感を出す西洋画の技法を伝授したという。これが、直武に蘭画を開眼させる契機となった。その後、源内と吉田の両名は阿仁銅山で技術指導をおこなってから久保田に向かい、藩より報償金を支給されると、その年の

平賀源内『西洋婦人図』（神戸市立博物館蔵）

瀬には江戸に帰っている。一方、直武は上司に当たる角館所預佐竹義躬の推挙があってのことか確認できないが、同じ年の安永二年十一月、藩庁より銅山方産物取立役に抜擢されて江戸詰めを命じられ、十二月には江戸に上っている。

江戸に出た直武は、神田の源内邸に足繁く通ったらしく、そこで絵画の技法を磨きつつ、数々の知遇を得る。その結果、杉田玄白や前野良沢らに出会い、翌年には『解体新書』の解剖図を描く幸運に恵まれたのだった。直武の江戸詰は安永六年まで続き、同年暮れ一旦角館に帰郷する。そして、翌七年四月、久保田に帰国していた藩主義敦より角館から久保田へ引っ越すよう命じられ、九月には義敦の「御側御小姓並★」に取り立てられた。これは異例の抜擢だった。そして、翌十月には義敦の参勤交代に随従して再び江戸に上る。このとき、義敦は国許を出発する直前の九月、「画法綱領」および「画図理解」と題した日本初の西洋画論を著している。

安永八年（一七七九）十二月、義敦の嗣子義和《よしまさ》が五歳になるのを祝い、北家の当主義躬が佐竹一族を代表して義和袴着の儀式を司るため江戸藩邸に出向いている。こうして、曙山義敦、小田野直武、佐竹義躬らが江戸に揃い、彼らが作り出す蘭画は絶頂期を迎えた。薩摩藩主島津重豪が絶賛した義敦家臣の「阿蘭陀絵」は、おそらく直武の筆になる「唐太宗・花鳥山水図」ではないかと考えられている。

▼**御側御小姓並**
側小姓は大名のそば近くに仕えて身辺雑務に当たる役で、「並」はそれに準じる格式。

こうして重要文化財の直武作「不忍池図」や、曙山こと義敦作の「老松図」、「竹に文鳥図」など数多くの優れた蘭画が江戸で創作された。それまで日本になかったこれらの洋風画を秋田蘭画という。秋田蘭画は藩主義敦を通した江戸の社交界と、直武の師平賀源内を介した知識人ルートにより全国へと贈られ広く知られるところとなった。

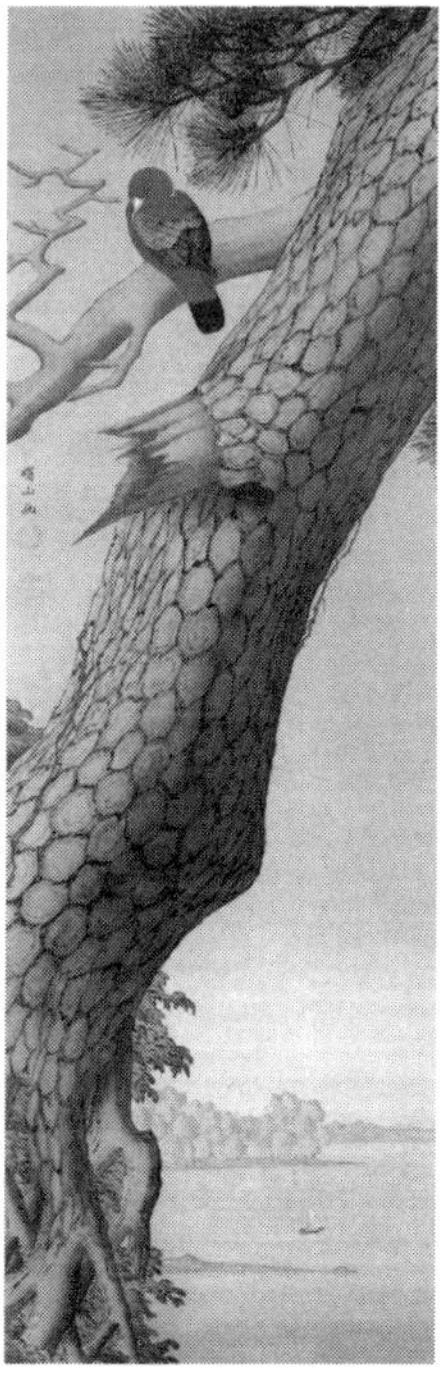

佐竹曙山「松に唐鳥図」（個人蔵）

しかし、安永八年十二月、直武は突然、義敦より遠慮を申し付けられ帰国する。そして、翌九年五月、角館で享年三十二歳の生涯を閉じた。直武が自死した理由はわかっていない。直武没後、義敦も義躬も蘭画への情熱をなくしたようで、秋田蘭画の輝きは色あせ、急速にその勢いを失ってしまう。

②木山金山、米の国

濁酒が普及し、秋田藩は麴業者にも課税する。
藩の殖産政策と農民の焼畑慣行が対立する中、藩は漆蠟の生産と養蚕業の振興に向かう。
秋田領の鉱山資源は幕府の貨幣原料として、また長崎貿易輸出品として重要な役割を果たした。

秋田の酒造

江戸時代の秋田を一言で言うなら、木山金山《きやまかねやま》、米の国といって間違いない。ここは秋田杉に代表される森林資源と、豊富な鉱山資源、そして何よりも米の恵みが大きかった。

秋田は積雪地帯なので、冬場の二毛作はできなかったが、日本海を流れてくる暖流のおかげで夏場の気候は温暖で、米作りには向いていた。この点、千島海流に乗ってやませが吹き付ける盛岡藩領や、北方の弘前藩領とは違っていた。越後や庄内が米どころとして有名だが、秋田藩からも毎年大量の米が上方大坂の中央市場に向けて出荷された。

しかし残念ながら、秋田米は明治になってからも収穫後の乾燥に問題があって

秋田の酒蔵
（写真提供：両関酒造株式会社）

痛みやすく、中央で高い評価を得ることはできなかった。だが、秋田藩にとって米は藩財政に欠かせない最大の商品であったことに間違いなく、江戸時代を通して水田稲作が秋田の基幹産業だった。土崎湊からは日本海の海運を利用して藩米だけでなく地主小作米も移出され、内陸部の地主商人たちは、その販売代金をもって上方産物を仕入れ、上方商人との間には為替も組まれていた。また、蝦夷地漁業が盛んになって日本海の海運が発展すると、秋田米は蝦夷地にも移出され、そこで積極的に売りさばかれた。

大量に収穫される米から秋田の酒造業も発展した。東北地方を冷害が襲った天明の飢饉に際しては、さすがの秋田藩も酒造を禁じて飯米の確保に当たらなければならなかった。だが、まだ飢饉が続く同四年には早くも禁令を撤回し、酒造を許可している。実はこのとき秋田藩江戸藩邸では飢饉に苦しむ隣国盛岡藩から飯米を融通してくれるよう打診を受けていた。しかしながら、秋田藩は国許の凶作を理由にしてそれを断っていた。それにもかかわらず早々に酒造を解禁したのは、酒造業者から上納される莫大な酒造税があったからで、秋田藩は隣国の惨状に目をつむってまで税収の確保を優先させたのだった。

この時期、津軽地方から秋田領に入った紀行家菅江真澄《すがえますみ》は野犬が餓死者を食う悲惨な状況をスケッチに残している。このあと天保飢饉のときも、秋田藩領では南北格差が大きく、藩領北部、米代川流域地方では大凶作だった反面、藩領南部の穀倉地帯では、行き倒れ人の大半は他領からの流民だったという。天保北浦一揆の項に述べる通り、秋田地方では絶対的な飢餓状態に陥ったというよりも、むしろ飢餓への不安を打ち消せなかった藩の失政が一揆勃発の真の要因となった。

酒造業における秋田藩の特徴は、飯米をつぶして酒を造る酒造業者に課税するだけでなく、米を発酵させる素となった麹を扱う麹屋にも税を課した点にある。これを麹室役という。佐竹氏が常陸から移ってきた当初、初代藩主を支えた家老梅津政景は、「秋田は寒国ゆえ酒は冬の寒さを凌ぐのになくてはならぬものだ」、と日記に書き残している。そしてその酒は、食べるものだとも記している。つまり、それは清酒ではなくどぶろく、濁酒だった。

江戸時代になって清酒の醸造技術は確立される。だが、秋田の農民にとって酒は食べる酒であり、濁酒だった。秋田藩にとって米と酒の流通を統制するには、濁酒の生産統制が欠かせなかった。そこで藩が目を付けたのが麹屋だった。農民が濁酒を造るのに欠かせない麹業者に課税し、それによって間接的に濁酒の生産を調整し、清酒の流通と酒造業者からの徴税を確保しようと図ったのである。

久保田に限らず横手や大館、あるいはそれ以外の所預たちが治める小城下《しょうじょうか》町《まち》★では、時代の進行と共に武家に奉公する中間《ちゅうげん》足軽たちは農村出身の年季雇いの者が大半を占めるようになる。すると彼らは、生まれ育った村の生活習慣を奉公先に持ち込み、あろう事か主人の屋敷内で密造酒を造り、奉公の合間に飲酒し

▼小城下町
城はないが、武士が集住し、商人や職人の町も設定された町。角館や湯沢など。

た。中には、それを販売する者まで現れる。その取り締まりに躍起になる藩の様子が、繰り返し出される禁令から浮き彫りになる。秋田藩は麴屋の単独営業を禁じ、麴屋を清酒醸造業者の傘下に組み入れ、その下酒屋《したさかや》にさせるなどして濁酒密造を取り締まろうとするが、その効果が現れることはなかった。

秋田杉と焼畑慣行

太閤御用板《たいこうごよういた》★で知られる秋田杉は天下にその名が知られ、秋田米にはない秋田ブランドを持っていた。十八世紀初頭の宝永年間、地震と大火に見舞われた野城湊《のしろ》の町人が、復興を期して地名の変更を藩に願い出たとき、野城湊が優良秋田杉の積出港として全国にその名が知られていることを理由に藩はこれを許さず、「のしろ」の音を残して表記を能代に変えさせたのだった。

秋田杉の主な産地は、米代川流域で、中でも大館城下の北東部、長木沢方面の鹿角境がその中心で、秋田藩は米代川流域村々に木本米《きもとまい》と称して山で働く杣夫たちの諸経費分を負担させていた。また、男鹿半島一帯も有力な産地だった。当初これらの杉材は積出港を管理する能代奉行の支配だったが、やがて勘定奉行配下の木山方の管理に移される。それは森林資源の枯渇問題にも絡んでいた。

秋田藩は、杉材を切り出した跡地には何もせず自然の回復に任せていた。そう

▼太閤御用板
豊臣秀吉より建設資材として供出を命じられた材木。

して藩は、山林を維持する積極的な方策を講じなかったので、十八世紀に入ると段々と山は痩せ、森林資源は減少した。まだ天然杉はあるのだが、それは伐採しても運び出せない山の奥地に限られるという状況になっていく。そこで藩は、樹種を問わず一切の伐採を禁じる旨の制札を立て、資源保護を徹底させようとした。こうした山林を札山《ふだやま》といい、札山は元来森林資源の少ない河辺郡や仙北・平鹿方面にも設定された。

優良建材の秋田杉は中央市場で販売され、幕府貨幣を獲得できる重要な商品であった。だがそれだけでなく、その表皮に当たる杉小羽《すぎこば》★は秋田では欠かせない武家の屋根材だった。当時の一般的な瓦では、冬季、瓦の隙間にしみ込んだ水分が凍って膨らみ、割れてしまうため、城郭などに用いる瓦は、焼成温度を高温にするなど特別な仕様が必要だった。そこで武家の住宅には小羽葺き、石置きの屋根が用いられ、農家では藁葺き、城下の町屋では茅葺き屋根が普通だった。

杉小羽の耐用年数は短く、毎年、部分的に少しずつ小羽を葺き替えて屋根を維持しなければならなかったから、藩としても久保田城下だけでなく城代・所預配下の藩士一同に杉小羽を供給する必要があった。杉が乱伐された背景には、こうした杉小羽の需要もひとつの要因をなしていた。そこで藩は、植林事業に着手する。植林といえば、十九世紀初頭の文化文政年間、海岸砂防林の植樹に取り組んだ栗田定之丞《くりたさだのじょう》★の活躍が有名だが、実はそれよりも早く、藩は十八世紀後半には

「秋田杣子造材之図」
（能代市・井坂記念館蔵）

▼杉小羽
伐採した杉の樹皮を長さ約三〇センチメートルほどの長方形の板状に切り取った屋根材。「杉木羽」とも記す。

植林政策を打ち出していた。それは鉱山資材や製錬の燃料用に成長の早い杉を植え付けたり、蠟生産を目的にした漆木の植え付けから始まった。

村方に対しては杉や檜を切り出して農作業の小屋を作ったり、稲刈り後の稲掛け杭に用いたりするのを禁じ、杉皮や檜皮など小羽類の販売も禁じた。また、天明二年（一七八二）には、寺社境内にある杉檜に限らず雑木に至るまですべて、その半分を藩が召し上げるという強行策を打ち出した。そして寛政元年（一七八九）には、それを農家の屋敷周り、畑添いの樹木にまで拡大し徹底させている。

こうした前提の上に、九代藩主佐竹義和による藩政改革がおこなわれ、領内一円への植林が推し進められる。林役や林取立役は廃止されて、勘定奉行配下の木山方に一元化され、木山方が全領規模で林野行政を担当するようになる。それを統括したのが勘定吟味役賀藤景林《かとうかげしげ》★で、文化二年（一八〇五）以来、領内山林を巡回して山林台帳を整備し、積極的に植林を指導した。その場所は、伐採後の運び出しを見越した山裾の一帯だった。それゆえ藩の植林事業は、麓村々との間にしばしば軋轢を生み出す原因のひとつとなった。

現在ではあまり知られていないが、秋田に暮らす人びとは山麓で古くから焼畑農業を営んでいた。いわゆる里山地帯では、山林と田畑の中間に広がる柴や笹が生い茂るところを焼き払って開墾し、その灰を肥料にして畑地として利用した。しかし、もともとの土地が痩せているため永続して作付けすることはできず、数

栗田定之丞
（秋田市立日新小学校蔵）

▼栗田定之丞
一七六八―一八二七。秋田藩士。林取立役となり松を主体とした防風林を育てる。

賀藤景林
（秋田県立博物館蔵）

▼賀藤景林
一七六八―一八三四。風の松原で有名な能代市の海岸砂防林の造成に寄与。

年間利用してはそこを放棄し、別の場所をまた焼畑にするということを繰り返していた。そのため、焼畑は一帯にまだら状に点在する形になった。その形状が鹿の斑点に似ていることから、こうした焼畑を鹿子畑《かのこばた》といい、秋田では鹿子切畑、略して切畑ともいった。

十八世紀後半以降、秋田藩は野火焼きの禁止を繰り返し発令する。しかし、里山ではこうした焼畑慣行があったから、村人に全面的に野火焼の禁止を命じるのは無理だった。そこで、野火焼きをする際には林役への届け出を義務付けて山林への延焼を食い止めさせ、村方の慣行を認めざるを得なかった。そして、野火焼き中にたとえ火が漏れても山林へ燃え広がらないよう、近隣の村々に即座に消防活動に出動するよう命じている。繰り返し出された野火禁止令は、藩の植林事業と表裏一体の関係にあった。それゆえ、天保一揆が角館近在の焼畑がおこなわれた里山地帯で惹起されたこともうなずけるだろう。

鉱山の賑わい

佐竹氏が常陸領五十四万石を没収され、徳川家康により出羽国への移封を命じられたのは、関ヶ原の戦後処理を踏まえた明らかな左遷だった。だが、初代藩主佐竹義宣にはそうした政治的敗北感とは別に、秋田に移って自然の恵みを心から

角館町山谷川崎地域
（国土地理院空中写真1975年）

実感するときがあったに違いない。山の恵みが豊かで山林はどこまでも続き、その地下に眠る鉱山資源は尽きることなく無限かと思われた。

佐竹氏が秋田に移った四年後の慶長十一年（一六〇六）、越前敦賀《つるが》の浪人村山宗《むらやまそう》兵衛《べえ》★らは藩領南部、院内で銀鉱脈を発見した。村山は関ヶ原の戦いで家康に敗れた西軍の将大谷吉継《おおたによしつぐ》★に仕えていたと伝えられる。この時期は、主君を失った浪人たちが戦国時代に培った鉱山技術を活かし、各地で山師となって新鉱脈の発見に励んでいた。村山らは最初、砂金を採取していたが、採鉱の過程で銀の鉱脈に突き当たり、秋田藩に本格的な採掘を願い出た。それが許されて採掘を始めると、そこは良質な鉱脈で量も豊かな銀山であることがわかった。するとまたたく間に全国から鉱山労働者が集まり、院内銀山は秋田藩有数の銀山となった。

鉱山での労働は、採掘から始まって、搬出・砕鉱・洗鉱・選鉱・焼鉱などいくつもの工程があり、最終的には山内で精錬されて金銀銅の地金が採り出された。採掘する坑道を間歩《まぶ》または鋪《しき》といい、その普請をおこない採掘された鉱石を運び出すのが堀子《ほりこ》で、鉱脈から鉱石を切り取るのが堀大工《ほりだいく》の仕事だった。堀大工は単に大工ともいった。そして、精錬場を床屋《とこや》といい、その精錬にも複雑な工程があって、工程ごとに作業分担が決まっていた。精錬には高度な知識と熟練の技が求められ、その技能者を指して床屋ともいった。また、坑道普請に取り掛かるには測量が欠かせず、その担当者を寸甫《すんぽ》という。

▼村山宗兵衛
一五四六―一六一三。江戸時代初期、鉱山開発の技術者で経営者。

▼大谷吉継
一五六五―一六〇〇。豊臣秀吉の家臣。越前敦賀城主。

鉱山の経営は基本的に間歩ごとにおこなわれ、その経営主体たる鋪主《しきぬし》を金名子といい、金名子は大工や堀子をはじめたくさんの鉱山労働者を従えて採掘を進めた。最初に鉱脈を発見し、藩に鉱山経営を願い出る者が山師で、山師自身、間歩を経営する金名子であり、かつ山師は他の金名子を配下に従えて鉱山全体を経営した。

秋田藩は彼らに鉱山経営を委ね、鉱山で精錬した地金を藩がすべて買い上げる方式を取った。こうした鉱山を請山《うけやま》といい、これに対し、藩士を鉱山に駐在させ藩役人が鉱山経営の実務を取り仕切った鉱山を直山《じきやま》という。一般に、秋田藩は山師から採掘の申請を受けると、まず請山形式で操業を開始させ、それが良質な鉱脈と判明するや、直山に切り替えて山師の経営を藩役人が現地で指揮した。秋田藩領の鉱山は、多くが請山と直山を繰り返して幕末に至っている。

山師や金名子には、補佐役で現地に精通した手代《てだい》が欠かせず、帳簿を管理する事務方も必要だった。鉱山には色々な仕事があり、運び出した鉱石を砕いた後に洗鉱や選鉱したりするのは主に女性の仕事だった。また、大人たちを手伝う子供の仕事もあり、鉱山では家族全員に稼ぎの機会があった。院内銀山に残る墓石には、名前の片に親分子分の文字が刻まれるものもあり、固い絆で結ばれた当時の鉱山労働者たちの姿が偲ばれる。彼らは家族共々親分に従い、各地の鉱山を渡り歩く者たちだった。最盛期の院内銀山は、人口が一万を超えたという。

阿仁銅山働方之図
（秋田大学附属図書館蔵）

領内の上方

秋田藩にはこの他にも八森《はちもり》銀山や大館市比内の大葛《おおくぞ》金山、北秋田市の阿仁金山などをはじめ、数多くの鉱山が開かれていた。また、世界自然遺産の白神《しらかみ》山地には精錬の触媒として欠かせない藤琴《ふじこと》の鉛山もあり、初期には、梅津政景が惣山奉行となって、これら領内の鉱山行政を一手に所管した。その政景が書き残した日記を分析された山口啓二★氏の研究によれば、院内銀山は秋田藩にとって領内に開かれたもうひとつの上方だったという。

上方とはつまり都市のことであり、都市には人口が集中し、封建制下の産業構造においては農村で作られた原料が都市に供給され、都市の高度な技術によって完成度の高い商品に仕上げられるのが基本だった。院内銀山は正に高度な技術の集積地であり、いくつもの産業を結集する総合産業の場でもあった。

特に鉱脈を見つけたり、製錬したりする工程には高度な技術が必要で、京・大坂の上方筋や中国地方など、当時の技術先進地からたくさんの技術者が院内銀山に入っている。一方、切り出しや運搬などの単純労働には多くの働き手が必要で、これには秋田領内や隣接する諸藩出身の者が過半を占めていた。初期の院内銀山は久保田の城下町に次ぐ人口密集地で、そこには鉄や鉛、薪や炭などいくつもの

▼山口啓二
一九二〇―二〇一三。歴史学者。東京大学史料編纂所教授として『大日本古記録梅津政景日記』を編纂。

生産資材が運び込まれ、働き手たちの生活を維持するため食料品をはじめとする様々な生活必需品が供給された。鉱山には、湯屋も傾城屋《けいせいや》★もあり、各種の芸能も催され、近隣農村からは隔絶した鉱山町を形成した。

秋田藩はここに年貢米を送って販売したので、上方に出荷する際の海難の危険や、割高な輸送費を心配することもなく、十分な利益をあげることができた。藩はさらに山内で販売されるすべての物資を鉱山の入り口で厳しく監視し課税した。それればかりか、湯風呂役や傾城役は勿論、煙草役や造酒役など鉱山内の諸営業には漏れなく営業税を課して利益を追求した。それゆえ、院内銀山は上方にも匹敵する大きな市場を秋田藩に提供したのだった。

しかし、その院内銀山も次第に衰退し、享保十年（一七二五）には藩は直轄を止め、請山へと切り替えている。院内銀山に代わってそれを補うかのような発展を見せたのが阿仁銅山だった。寛文十年（一六七〇）、大坂商人北国屋の請山として開発された阿仁鉱山は、元禄年間には直山とされた。最初、金が採掘されたので地元では今でも金山とよんでいるが、やがてすぐに金鉱脈は尽き、銅山へと姿を変えていった。直山となった直後、長崎貿易で金銀の輸出を抑え、銅輸出へと転換を図った新井白石《あらいはくせき》★の正徳新例《しょうとくしんれい》★により、秋田藩にも一〇〇万斤を超える長崎廻銅が割り当てられた。そのため藩は一層の増産に励んだ。しかし、基本となる設備投資を怠ったため、次第に銅の産出量は減少していった。

▼傾城屋　娼館。

院内銀山
（院内鉱山史跡保存顕彰会蔵）

「羽州加護山銀紋方大意」
（秋田県公文書館蔵）

▼新井白石
一六五七―一七二五。旗本で朱子学者。六代将軍徳川家宣の侍講として実質的に幕政を主導した。

すると幕府は、明和元年（一七六四）、阿仁銅山を含む一帯を幕府直轄として上知させ、幕府が銅山を直営する方針を伝えてきた。突然の措置に驚いた秋田藩だったが、何とかその撤回に成功し、以後、阿仁銅山の回復に本格的に取り組んだ。それが、鉱山技術者平賀源内と吉田利兵衛両名の招聘であり、その二年後の安永四年（一七七五）、能代市二ツ井の加護山に開設した製錬所だった。彼らの技術指導を受け、秋田藩は阿仁の産銅から銀を絞り出すことに成功する。これにより阿仁銅山は立ち直り、阿仁は秋田藩にとって欠かせない鉱山となった。そして、領内が天保飢饉で苦しむさなか、藩は銅山経営を最優先させ米商人によって仙北《せんぼく》米《まい》★が送り込まれたため、奥北浦一揆《おくきたうらいっき》★が引き起こされるのだった。

鉱山経営にとって技術改良が何よりも大切なことを知った秋田藩は、寛政改革において、文化十年（一八一三）佐渡金山で灰吹銀から金を分離抽出する技法を修得した技術者中川佐兵衛《なかがわさへえ》の獲得に成功する。佐兵衛は、院内銀山に金銀吹分法を伝え、後継者を養成しつつも文政六年（一八二三）、同地に没した。その後秋田藩は、天保九年（一八三八）、佐兵衛の子定助を佐渡金山から招き、一層の技術改良を図った。その結果、院内銀山は再び活況を取り戻し、天保の盛山《さかりやま》とよばれる増産の時代を迎えることとなる。

▼正徳新例
正徳五年（一七一五）、長崎貿易で金銀の流出と銅輸出を抑え、密貿易を取り締まるため貿易船の数と貿易額を制限した。海舶互市新例ともいう。

▼仙北米
仙北郡で収穫された米。

▼奥北浦一揆
天保五年（一八三四）二月、仙北市角館町の北部で起こった秋田藩で最大規模の百姓一揆。

城廻りの漆栽培

江戸時代の後半、秋田ではお堀の土塁で漆実が収穫されたらしい。現在、花見の名所として知られる名城は全国各地にあり、秋田の千秋公園も毎年たくさんの花見客をよろこばせている。しかし、城に桜を植えるのは近代の話で、江戸時代の城は正に石垣で固められた要塞だった。石垣を持たない秋田の城も、火矢を恐れて土塁には樹木を植えなかったと考えられている。だが、秋田藩では城の西側に位置する町人町で火災が頻発し、海風にあおられて東方の武士町に火の粉が飛ぶことがしばしばだった。そこで藩は、享保年間、城の西方、旭川沿いの土塁に火除けの松を植え、城に火の手が及ぶのを防ごうとした。その後、平和な時代が続いて十八世紀も後半に入ると、今度は侍町の土塁に漆の木が植えられる。

安永四年（一七七五）、秋田藩は城下を貫流する旭川《あさひかわ》の氾濫原に漆や桑、楮《こうぞ》などを植え、試験栽培を始めている。その場所は下中嶋と記され、北の丸の北西方向直下のところと見られる。「梅津政景日記★」にも漆実から蠟を絞ることが記され、秋田藩は初期から蠟燭《ろうそく》生産に取り組んでいたことが知られる。それに加え八代藩主佐竹義敦のころ、藩は養蚕や楮から和紙を漉くなどの産物取立、殖産事業に着手しようとした。また他の史料によれば、この時期、秋田藩は杉苗の植え付

鷹の松

▼「梅津政景日記」
初代藩主佐竹義宣の晩年に秋田藩の家老を務めた梅津政景が死の直前まで書き残した詳細な職務日記。四二冊が現存。

けは勿論、桐や煙草、藍や紅花など色々な商品作物の試験栽培に取り組んでいる。

天明年間、能代町人の発案から藩領北部を中心に秋田藩は菜種の栽培を奨励し、その専売制を目論んだことがあったが、実はそれ以外にも色々な作物の栽培に取り組み、染料の藍や紅花栽培まで試みていた。しかし、最終的にはこれらの商品畑作物は定着せず、このあと藩は畑地には穀類以外の作付けを禁じる方向へと方針を転換する。それは、気候や技術上の問題ではなく、政治の問題だった。地方知行制を採る秋田藩では、知行主である藩士たちが、大豆を主体にした旧来の畑作を制限してまで新規作物の栽培に取り組もうとはしなかったからだった。

そうした中、唯一成功したのが煙草で、このあと煙草は仙北郡神岡町の集荷商人の手を経て土崎湊から蝦夷地に移出される有力な商品として成功する。しかし、それは大豆の作付けを転換した煙草畑での栽培だったかというと、やや疑問で、穀類の作付けを維持しつつ、その畦を利用した作付けか、あるいは、穀物栽培に向かない傾斜地などを新開しての栽培だったのではないかと見られる。

そして、畑地での商品作物栽培を断念した秋田藩が、試行錯誤の末に辿り着いたのは漆と桑だった。藩はまず、田畑以外の空き地に漆の苗木を植え付けるよう奨励した。漆には男木と女木があり、男木からは樹液を採るため村々に漆掻き用の道具を貸し出し、女木からは実を取り、それを樹液共々村単位に集めさせ、それらを一括して藩が買い上げる専売制をしいた。だが、田畑以外の土地で村方に

「梅津政景日記」（秋田県公文書館蔵）

残された空き地といえば、川縁の荒れ地などしかなく、漆栽培には自ずと限界が見えていた。そうした中、城下の土塁回りは藩の漆栽培にとって確実で安定した果樹園にも等しい場所となった。

安永八年には、蠟燭生産を担当する藩役人に、城下の土塁回りを巡回させ、漆木の保全に当たらせている。それは、侍町の住人、特に武家の奉公人や子供たちが、城の土塁に勝手に道を作って往来し、苗木を折ったり踏み付けたりして枯らしてしまうため、それを摘発するためだった。武士が暮す内町の土塁には漆の木が植えられ、秋田藩の漆蠟の生産は、他領へ移出するまでには発展しなかったが、藩の自給には役立った。

蚕種紙と菅糸の移出

一方、桑の植え付けによる養蚕業は、他領移出品を生み出すまでに成長する。秋田藩は下中嶋の河川敷で桑や漆の試験栽培を始める前年、稲庭《いなにわ》村肝煎宇兵衛の献言を受け、養蚕業の先進地だった福島から絹屋《きぬや》勘十郎《かんじゅうろう》なる技術指導者を招いていた。そして藩は代官に命じて養蚕業を始めてみたいと希望する村方を募らせ、勘十郎に桑の苗木を用意させた。ただし、苗木の植え付けを許可した場所は、漆の苗木と同様、村内の空き地で、川縁や荒れ地だった。桑の成長は早く、数年も

「羽州秋田風俗問状之図」より竿灯
（秋田県立博物館蔵）

すると葉をたくさん付けて蚕を飼えるようになったので、藩は勘十郎を通して蚕《さん》種紙《しゅし》★を仕入れ、勘十郎に繭を作るまでの技術指導全般を担当させた。八代藩主佐竹義敦のもと始められた秋田藩養蚕方は、順調に推移した。天明三年（一七八三）には勘十郎を召し放し、蚕種も福島産に限らず村方の勝手仕入れを許可している。桑木が成長し、養蚕技術が領内に定着したと見てよいだろう。

寛政四年（一七九二）、九代藩主佐竹義和は、養蚕業の一層の発展を期して新たな技術者を招く。それはやはり、福島県伊達郡出身の石川滝《いしかわたき》右衛門《えもん》で、秋田藩は石川を産物方支配人に登用し、今度は繭から糸を取り出し、織物に仕上げるまでの産業を育成しようと試みる。その後も藩は組織を固め、文化十一年（一八一四）には絹方役所を設け、その二年後には、城下の御用商人那波三郎右衛門を登用して絹方を担当させる。藩主の佐竹義和が没したあとも秋田藩寛政改革は十代藩主佐竹義厚《よしひろ》に引き継がれ、勘定奉行金易右衛門が中心となり、川連村肝煎関喜内《せききない》などの提言を容れつつ、養蚕業を推進した。

文政年間には秋田産の蚕種紙は領外に移出される商品に成長した。関東方面は言うまでもなく、近江《おうみ》・丹波《たんば》・丹後《たんご》・但馬《たじま》・飛騨《ひだ》方面からも注文を受けるまでになった。そのため藩は文政九年（一八二六）、秋田領で飼育する蚕の種を仕入れる際に、藩領南部の玄関口、院内の番所で、養蚕方の役人や養蚕師が品質検査をおこない、不合格となった種紙には青印を押して取り扱い商人に送り返し、秋田領

「秋田流養蚕伝来書」
（『図説　秋田県の歴史』より）

▼蚕種紙
蚕に卵をうみつけさせた紙。蚕紙（さんし）または種紙（たねがみ）ともいう。

内での販売を禁じるなどして品質管理に努めている。さらに同十二年には、他領からの蚕種紙移入を全面的に禁じ、すべてを自給するとしている。

一方、安永年間の養蚕事業創業以来、約半世紀を経、桑木も老木となり、苗木の植え付けが欠かせなかった。それまで、福島の伊達郡や出羽国南部米沢藩などから苗木を仕入れていたが、移送の途中で枯れてしまうものもあり、苗木は結構割高に付いた。そこでこの年には、桑木を挿し木して苗木を作る技術者を招き、苗木の自給にも取り組んでいる。

こうした努力の結果、秋田の蚕種紙は、当時の主産地だった信州の蚕種と競合するまでに大きく発展する。また、那波家が担当した絹方も、織物業としての発展には限界があったものの、秋田で菅糸とよばれた生糸には一定の成果が見られた。明治元年（一八六八）十月、戊辰戦争に疲弊したさなかにあって秋田藩は、菅糸と蚕種紙を藩が独占的に買い上げ他領移出を図る専売制に取り組んでいる。

こうして養蚕事業で成功した秋田藩だが、慶応元年には、夏蚕の禁止を再令している。これは、初夏に孵化した蚕は飼育日数が短いまま繭を作ってしまうため、よい糸が取れず量も減るためだったが、この時期は田の草取りや水の管理など稲作にとって一年で最も大事な時期だったから、農民が目先の現金収入に目をくらませ、主穀生産を疎かにすることをおそれての措置でもあったと考えられる。秋田藩の主穀第一主義は最後まで崩れることはなかった。

那波三郎右衛門祐生（すけなり）
（感恩講児童保育院蔵）

③ 日本海海運の賑わい

日本海の海運は雄物川や米代川の舟運に接続して内陸部に商圏を開く。海運の航路は大坂の中央市場に連なり、北海道にも延びて北前船の活況を生み出した。北前船は秋田産の酒や煙草はもちろん、縄や俵など藁製品まで買い入れていった。

雄物川と米代川の水運

江戸時代は米経済の時代だった。諸藩は年貢米を中央市場に移出し、その販売代金をもって江戸藩邸の維持や諸大名との交際費、参勤交代の費用など様々な藩政運営費に充てなければならなかった。秋田藩にとっての中央市場は大坂を中心とした上方市場で、日本海の海運によって年貢米をここに出荷した。そのためにはまず、土崎湊や能代湊まで年貢米を積み下す河川の水運を整える必要があった。

雄物川という川の名前がこのことを雄弁に物語っている。それは、江戸時代の本年貢を本途物成あるいは御物成《おものなり》というが、この御物成を運ぶ川なので御物川とよばれるようになったと伝えられている。正保四年（一六四七）、秋田藩が幕府の命を受けて初めて国絵図を作成したとき、事前調査をおこなって原図を作ったが、

明治40年ころの角間川港
（大仙市蔵）

その図には湯沢町の西方で金屋《かなや》村と京塚《きょうづか》村の間を流れる川に「於毛の川」とその名を記している。これが後に「雄物川」と書かれるようになったと考えられる。

雄物川に限らず長大な河川を利用して船便を利用するには、上流と下流で水深や川幅など自然条件が大きく違っているため、上流域の小船数艘分の荷物を下流域を航行する大型船に積み移すなど工夫が見られた。これを継船方式という。一般には河床の勾配が変化する中流域にこの積み替えポイントがあり、雄物川の場合それは現在の大仙市南部に位置する角間川だった。角間川は横手川など横手盆地の平野部を西流するいくつもの支流がここで雄物川の本流に合流しており、その面からも川湊として発展する条件を備えていた。

秋田藩の米俵は一俵三斗入りを原則とした小俵だった。とはいえ、土崎湊やそのすぐ上流に位置した新屋村では、一艘の川船でこれを五〇〇俵も運んだという。年貢米を積んだ船は流れに乗って川を下り、遡上するときには風力を利用して帆を張って進んだため、江戸時代の主要な河川には橋が架けられていない。雄物川はもちろん支流の玉川《たまがわ》にも、そして米代川にも大きな橋はなかった。

江戸時代の初め能代湊に注ぐ「野代川」が、いつから米代川と呼ばれるようになったのか、その経緯はわからない。米代川は大館の東奥、長木沢方面に広がる豊かな森林地帯の天然秋田杉を河口の能代湊まで流送するところに特徴があった。船便も開かれ、能代湊に廻着した上方産物が川船に積み替えられて大館や扇田《おうぎだ》

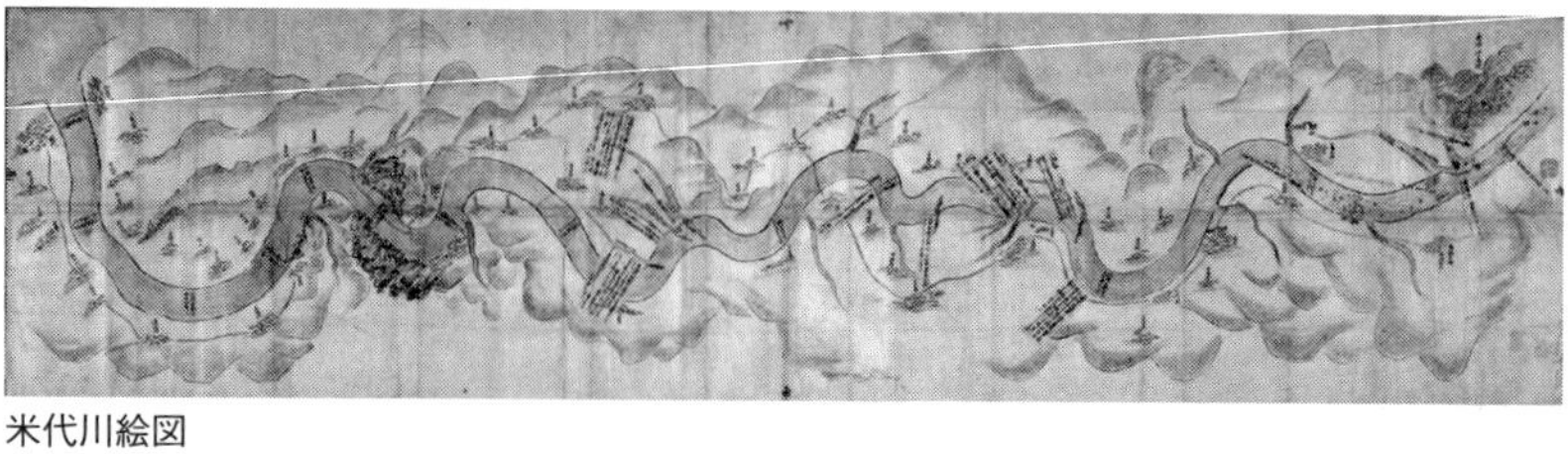

米代川絵図
（秋田県公文書館蔵）

方面にまで運ばれている。そして逆に、阿仁銅山の粗銅《そどう》★が能代に積《つ》み下《くだ》されたのも特徴のひとつだろう。川船とはいえ難破の危険はまぬがれず、米代川の川底には今でも江戸時代の粗銅が沈んでいるという。その点、より価値の高い金や銀は船便に乗せられることはなかった。藩領南部に栄えた院内銀山の産銀は陸路馬背で運ぶのが原則だった。

盛岡藩領鹿角は米代川の水脈で能代湊に繋がっており、江戸時代初期には尾去《おさり》沢《ざわ》鉱山★の産銅が積み下されていた。しかし、盛岡藩は秋田藩との藩境争いから次第に米代川を避け、自領で陸奥湾の野辺地湊まではるばる山岳地帯を牛の背に積んで送り、そこから廻船で大坂の幕府精錬所に向けて積み出すようになる。ここでも牛方たちの唄う牛追歌が聞こえたに違いない。

▼粗銅
銅の原鉱を精錬してできた最初の銅で、不純物を含んだ半製品。

▼尾去沢鉱山
秋田県鹿角市にあった鉱山。江戸時代は盛岡藩領で銅や金が採掘された。

海運技術の向上

常陸から移った佐竹氏が秋田藩の体制を固めていくころ、土崎や能代の湊を出帆した船が目指したのは能登半島を西側に迂回した先の若狭湾だった。室町・戦国時代以来、敦賀《つるが》湊や小浜《おばま》湊が日本海海運の発着地で、山口県の下関方面を迂回して瀬戸内海に乗り入れる安定した航路はまだ開かれていなかった。若狭湾に廻着した日本海沿岸諸藩の年貢米は一端陸揚げされて琵琶湖《びわこ》の北岸に駄送され、それより再び琵琶湖の船に積み込まれて南岸の大津に送られた。当時はここが最も主要な米市場で、ここで取り引きされた米穀が京都に送られて、その需要を賄った。また、宗教都市奈良の米穀消費量も相当なもので、木津川《きづがわ》の水運を利用して廻漕されていった。

十七世紀も後半に入ると、船乗りたちも二代目・三代目となって段々と経験を積む。また、船には木綿帆が普及し、灯籠や澪筋を示す目印など港湾施設も徐々に整えられて航行の安全性が向上する。そうした船主や船乗りたちの工夫や努力による安全性の向上を荷主である諸藩の側が見逃すことはなかった。例年膨大な量の年貢米を上方市場に出荷した加賀百万石の金沢藩は、山陰から下関を迂回して瀬戸内海に入り、大坂に直接乗り入れる航路に挑戦し、これを実現させている。

こうした流れを巧みに利用したのが河村瑞賢の海運刷新事業だった。河村は、幕府から福島市周辺と山形県尾花沢市方面の幕領年貢米をいかに効率よく江戸浅草の幕府米蔵まで輸送できるか諮問を受け、その対策に乗り出した。結論として河村は、海運技術の向上に鑑みて航行中の損害は幕府側の損失として廻船に責任を問わず、その代り輸送量と輸送距離に応じて運賃を支払う方式を採用した。寛文十一年（一六七一）とその翌年、東廻航路と西廻航路を整えた河村の海運刷新事業の核心はここにあった。これにより幕府は、輸送費を削減することに成功した。

船絵馬
（青森県深浦町　春光山円覚寺蔵）

その結果、諸藩も幕府にならい、河村が採用した方式で年貢米を大坂や江戸の中央市場に送り付けるようになった。するとそれは、廻船の大型化をもたらしていく。年貢米輸送にあっては積み出した湊から中央市場までの輸送距離は変わらなかったから、船を大型化して載積量を増し、かつ船乗りを削減して労賃を抑える工夫が試みられた。そうした改良を施した船が菱垣廻船や樽廻船で有名な弁財型の廻船だった。弁財船は主に瀬戸内海で用いられていた船で、江戸時代になって改良が加えられ、一気に長距離を走破できるようになっていた。この船なら、順風で星空ならば夜間でも走行できた。たとえば、現在の福井県から能登半島のどの湊にも立ち寄ることなく佐渡や新潟にまで一気に航行できるようになった。

北前船の賑わい

江戸時代の後半、日本海の海運は他地域には見られない独特の発展を遂げる。廻船は基本的に年貢米や諸藩の特産品を預かって目的の中央市場まで送り届ける運送業者だった。江戸・上方間に就航した菱垣廻船や樽廻船もまた、商人荷主を顧客にした廻漕業者だった。そうした中にあって、日本海には自己資本をもって売り買いを繰り返しながら航海を続ける大型の廻船が就航した。上方ではこれを北前船とよんでいる。

「秋田街道絵巻（上巻・御蔵町付近）」
伝　荻津勝孝（秋田市立千秋美術館蔵）

その端緒は、魚肥を求めて蝦夷地松前に向った廻船の活動だった。綿花や煙草・茶など商品畑作物の生産が盛んな関西地方の農村では、早くから江戸に下った廻船の帰り荷として房総半島九十九里浜産の干鰯を肥料として投入し、生産性の向上を図っていた。やがてその魚肥は水田稲作にも使われるようになり、広く一般の農村にも普及していった。

こうした動きに敏感に反応したのが近江商人だった。彼らは薬の行商を通して全国にネットワークを持ち、蝦夷地北海道が鰯や鯡の豊漁にわいていたのを知っていた。それは十七世紀の後半から十八世紀初めごろと言われている。彼らは若狭湾の敦賀や小浜で船と船乗りをセットで雇いあげ、魚肥を求めて蝦夷地に向かわせた。その際に、空荷で出帆したのでは効率が悪かったから、日本海沿岸の諸港で売れそうな商品を積み込んで出発した。するとそこに、大坂方面の船主たちも参入していった。これが北前船の始まりと考えられている。

十八世紀初頭の元禄年間（一六八八〜一七〇四）、長崎輸出品の中心だった銅の産出量が頭打ちとなり、幕府を主導した新井白石は正徳新例を発して貿易額を制限した。その後、長崎輸出品の中心となるのが昆布や干鮑《ほしあわび》・フカヒレ・煎海鼠《いりこ》などの乾燥海産物で、中華料理の原料だった。干鮑など昆布以外の三品目は、俵詰めの状態で出荷されたのでこれらを総称して俵物という。

これら昆布や俵物の輸出を積極的に奨励したのが十八世紀後半の幕政を指導し

「秋田街道絵巻（上巻・土崎湊部分）」
伝 荻津勝孝（秋田市立千秋美術館蔵）

た田沼意次だった。これらの海産物は、蝦夷地北海道産のものが特に品質に優れ、まとまった漁獲量を見込むことができた。これは、蝦夷地漁業が一層の発展を迎える契機となった。その結果、魚肥だけでなくこれら長崎輸出品を求めた多くの廻船が蝦夷地に向かうようになった。こうして、日本海海運は全面開花の時期を迎えるのだった。

大坂から蝦夷地産海産物の買い付けに向かった船は、例年正月に積荷を満載して出帆し、瀬戸内海から山陰地方を廻って売り買いを繰り返しながら航行を続けた。そして、日本海沿岸を北上して土崎湊や能代湊に着くころには上方産物をほとんど売り尽くし、空いたスペースに秋田産の米や酒・煙草、それに俵や縄莚などを買い込んで蝦夷地に向かっていった。

これにより、秋田経済にとっては上方産物の仕入れが容易になった。そればかりか、出荷の面でも上方に送るには輸送費がかかり品質面でも劣った米や酒にまで格好の移出先が現れた。北前船は正に秋田に恵みをもたらす船だった。しかし、同時に上方の物価動向を素早く知ることができなかった情報弱者の秋田商人にとって、これは相場の面で廻船側に主導権を握られたことを意味した。北前船がもたらしたこうした負の側面についても正しく理解しておくべきだろう。

「秋田風俗絵巻」土崎湊
（秋田県立博物館蔵）

これも秋田

ユネスコ無形文化遺産

土崎神明社祭の曳山行事

ユネスコは、二〇一六年、日本の一八府県でおこなわれる計三三件の「山・鉾・屋台行事」を世界無形文化遺産に登録した。この内ふたつが秋田藩領に伝わる民俗行事である。

秋田市の土崎神明社は、土崎湊町の総鎮守として秋田藩から認定された。毎年七月二十日・二十一日が例大祭で、祭神の天照大神の霊を分霊した神輿に続いて氏子が町内ごとに飾り立てた山車を曳く。山車は武者人形や裸人形で勇壮な飾り屋台を作り、屋台裏では囃子が「港ばやし」や「あいや節」を奏でる。現在は、合計二五台の山車が参加し、それぞれ数十人の若い衆が山車を曳くと、しばらく進んでは一斉に休み、そのたびごとに山車に付き添った踊り手たちが揃いの浴衣で各町自慢の踊りを披露する。都会に出た若者がこの日のために帰省し、この祭りは地域の祭りとして根付いている。

（写真提供＝土崎神明社）

角館祭りのやま行事

仙北市角館のお祭りは小城下町だった角館の町人たちの祭りとして始まった。現在は九月七日から九日までの三日間、一八の町内が武者人形や歌舞伎人形で飾り立てた山車を繰り出し、江戸時代の面影を残す町内の狭い通りを曳き回す。山車の上では二人一組の女性が、囃子が奏でる「おやま囃子」に合わせて優雅に手踊りを舞う。この祭りは角館神明社と成就院薬師堂の祭礼で、各町が山車を曳いて両神社に参拝するのを上り山という。これを終えてそれぞれの町内に帰る下り山で、山車同士が通りで鉢合わせすると、互いに道を譲れと交渉するが、交渉がまとまらず決裂すると激しい山車ぶつけとなる。ここが祭りの見せ場で、例年多くの観光客が押し寄せる。祭典中日の八日には観光客向け用に観覧目的の激突もおこなわれている。

（写真提供＝秋田県観光連盟）

男鹿のナマハゲ

ユネスコは二〇一八年、「男鹿のナマハゲ」など全国の一〇件を一括して「来訪神：仮面・仮装の神々」として無形文化遺産に登録した。古くは男鹿半島周辺の村々で旧暦正月十五日に未婚の男性が、藁沓に藁蓑をまとい、怖い形相をした鬼の面をかぶって家々を回り、囲炉裏に上がって振る舞いを受ける行事だった。少子化に伴う後継者不足で一時は衰退の危機にあったが、現在は太陽暦の大晦日に日程を変更し、既婚者や村人でなくてもナマハゲになれるよう習わしを改めるなどして伝統の継承に努めた結果、今では、「怠け者はいねがー」「泣く子はいねがー」と奇声をあげるナマハゲが季節を問わず全国各地のイベントに出没し、秋田県の観光大使と言えるまでに活躍している。

（写真提供＝秋田県観光連盟）

第三章 秋田藩の寛政改革

秋田藩九代藩主佐竹義和は寛政改革を成功させ、名君として全国的に知られる。

久保田城表門

◆1 義和初政の職制改革

秋田藩は農民にわざと秋田弁を使わせ、幕府役人に藩の内情を知られないようにした。佐竹義方や佐竹義祇ら佐竹一族が若い義和を支える。郷村奉行の新設が後の改革政治の重要な布石となった。

九代藩主佐竹義和

天明五年（一七八五）、八代藩主だった父義敦の死を受け、わずか十一歳で秋田藩二十万石余の家督を継承した義和が、寛政元年（一七八九）、十五歳にして初めて秋田に入部し、職制改革に着手したことから秋田藩の寛政改革は始まる。

この若い藩主を支えたのは、叔父の佐竹左近義方《さこんよしかた》三十二歳と、秋田新田藩主で分家大名の佐竹壱岐守義祇《よしもと》二十七歳のふたりだった。義方は兄義敦から厚く信任され、江戸柳原の秋田藩中屋敷に暮らしながら、たびたび帰国しては藩主義敦の意を呈して重臣一同に告諭し藩政の主導役となっていた。義敦は子の義和が成長するまで義方が他家の養子に出ることを許さず、安永六年（一七七七）に帰国した際には江戸藩邸に家老を置かず義方に留守中のすべてを任せるほど信頼を寄せ

九代藩主佐竹義和（天徳寺蔵）

ていた。義方は国許でも信任を得、義和が十八歳になるまで後見役を務めた。

一方、対幕府との関係においては分家大名の義祗が義和の名代となって支えた。義祗は義和の祖父義明の長弟義敏《よしとし》の子で父義敦のいとこに当たる人物だった。そして、義敦のもとで家老に就任した疋田定常《ひきたさだつね》が、天明元年から寛政十二年まで二十年の長きにわたって藩政を主導し、子の定綱もまた翌享和元年から文化十四年(一八一七)まで家老を務め、疋田家が重鎮となって藩の体制を安定させた。

天明八年、十四歳になった義和が十一代将軍徳川家斉への初お目見えに臨んだとき、佐竹一門の大館城代佐竹義休《よしやす》五十七歳は、湯沢の佐竹南家義良《よしさね》と席次を争い、病気と偽って義和に随従しなかった。義和は、一門の長老とはいえこれを許さず義休に隠居を申し渡している。この裁定を下せたのも、義方・義祗・疋田定常ら藩庁首脳部の結束に基づく固い政治基盤があればこそだった。秋田藩中興の祖とも称される佐竹義和の治政は、このような義敦晩年からの連続性と安定した政治基盤によって実現されたのである。そして、その改革政治が実を結ぶのも、次の藩主義厚まで続く政治の安定があったからだった。

古川古松軒が見た秋田

佐竹義休の席次争い騒動があった同じ年の七月、秋田の国許には幕府巡検使一行が訪れている。一年前の天明七年（一七八七）、将軍となった徳川家斉が各地の国情を掌握するため、全国を八区画に分けて視察団を送り出したのである。秋田藩には東北地方と蝦夷地を視察する巡検使が派遣され、庄内地方から由利郡を北上し、本荘、亀田両藩を経て出羽丘陵から雄勝郡の大沢村に入り、領内を縦断して弘前藩へと抜けていった。

このとき、巡検使一行に同行した地理学者古河《ふるかわ》古《こ》松軒《しょうけん》★が、各地で見聞した様子を後に『東遊雑記』と題してまとめている。そこには秋田藩についての興味深い記事がいくつも記されている。しかし、その内容もさることながら、古松軒が「言語通ぜず」といって、言葉が通じないことを嘆いている点に注目したい。幕府役人側の言うことは理解できているらしいが、領民に質問するとへらへらと笑って応じず、問い質してもわからないと繰り返すばかりだった。

村の肝煎と名乗って一行の案内役に出た者でさえ一〇人中二、三人の割合で無筆だという。つまり秋田藩の村役人の中には文字の読み書き勘定ができない者がいると古松軒は記している。本当だろうか。それでは、村方の年貢算用も務まらず困るのではないか、と古松軒が尋ねると、その者たちは、上方筋とは違いそれほど難しいこともなく必要に応じて算筆のできる者をやとって済ませている、と答えたという。

しかし、これは真実ではなかった。幕府巡検使は寛永十年（一六三三）、三代将

▼**古河古松軒**
一七二六—一八〇七。岡山県総社市に生まれる。長崎で測量術を学んだのち全国を旅して紀行を残し、幕府の命で地誌編纂に従事した。

『東遊雑記　中巻』久保田より男鹿遠景
（弘前大学人文社会学部附属北日本考古学研究センター蔵）

軍徳川家光の巡検使以来、何度となく秋田領を訪れていた。秋田藩はその経験に基づき巡検使への応対法を固めていた。休憩や宿泊に際しての接待の仕方から、質問事項への回答に至るまで、こと細かに手引きを定めていたのである。そこでの基本は、事実を答えさせないというものだった。きつい方言を逆手に取り、言葉がわからないふりをして何も言わせず、どうしても強く問われたなら、「存じませぬ」と答えよと領民を指導していたのである。

実は、古松軒もその辺りの事情に気付いていた。たとえば、古松軒は秋田藩では馬の飼育とその取り引きが盛んなことを知っており、領民に馬の売値を尋ねているが、値段よりも代金の半分が運上として藩に徴収される制度の方に驚いている。そして、村人の口ぶりから何か巡検使に訴えたい様子を見抜くのだが、秋田藩では「役人に役人を付けて百姓の口を閉ざし」ているので、百姓たちはただうらめし顔をして巡検使一行の荷物を負うばかりだと哀れんでいる。秋田藩は村役人はもちろん、巡検使応対の藩士にまで監視役を張り付け、藩にとって少しでも不利な情報は巡検使一行に一切漏れないよう細心の注意を払っていたのである。

このとき、雄勝郡大沢村に巡検使一行を出迎えたのが町奉行中山盛履《なかやまもりふみ》と、物頭で境目奉行を兼務した沼井資英だった。中山はこの後、藩校が設立されるとその頂点たる祭酒《さいしゅ》の職に任じられる人物で、このときは幕府役人を出迎える藩の代表だった。秋田藩の物頭《ものがしら》★は足軽大将《あしがるだいしょう》ともよばれ、足軽隊を指揮する番方の職で、

中山盛履
（岩見誠夫氏蔵）

▼物頭
戦時にあっては鉄砲・槍・弓の足軽隊を率いて出陣し、平時にあっては配下の足軽を指揮して警察の仕事を担当した。武頭ともいう。

境目奉行を兼任した沼井は足軽を従えて藩境警備の任に当たっており、由利郡境の大沢村に巡検使一行が到着したとき、これを出迎えたのだった。そしてこのとき、巡検使一行の荷物を運び、道案内をした村人たちを指揮したのが郷村奉行だった。

七月五日に大沢村に入った巡検使一行は、藩領南部を視察して九日には久保田に至り、翌日ここを発って藩領北部に向かい、十四日には大館から碇ヶ関へ抜けている。新藩主義和がまだ一度も帰国を果たせず江戸にある中、国許を預かる家老たち重臣一同は幕府役人の応対に細心の注意を払った。何ごともなく巡検使一行を津軽領に送り出した直後の八月三日、町奉行の中山や境目奉行沼井らに交じって郷村奉行宇野秀満《うのひでみつ》もその労を賞され、銀三枚を授けられている。

職制改革

実はこの郷村奉行こそが、九代藩主佐竹義和の寛政改革に連なる職制改革の第一弾だった。それは前藩主佐竹義敦の治制下に始まっていた。天明元年（一七八一）、秋田藩は郷村奉行二名を新規に任命すると、その翌年にはこれを代官・検地役・林取立役など村々を管轄する諸役人の上位に位置付け、郷村に関わる様々な訴えをすべて担当させている。訴えの具体的な内容は、藩士が新規に開墾した田地をもって分家を取り立てたいと願い出たり、多くの田地を持つ農民が子供たちに分割相続をしたいなどといったりする田地に関する願い出が中心だった。藩はこれを藩直轄の代官支配地と給人知行地の区別なく、すべて一律に郷村奉行に取り扱わせたのである。

十三割の新法は、この郷村奉行を使って藩が強行しようとした増税策だった。その新法は前述したように藩士からも村方からも激しい反発にあって実現されなかった。しかし、郷村奉行の職自体は廃止されずに残った。それにより、代官支配地と給人知行地の区別なく藩庁が決めた政策を一律に実施するという可能性が残された。これが後に郡奉行を再設置するときの重要な伏線となる。

寛政元年（一七八九）、十五歳になった佐竹義和は幕府から帰国の暇を許され、五月十五日、初めて秋田の地を踏んだ。そして、九月、国許で大規模な職制改革を断行する。それは、家老の下で政治の実務を担当する評定奉行の職を新たに設けてこれに三名を充て、勘定奉行三名は藩の財政収支に専念できるようにするものだった。それまで領民相互の争いが起こされたり、知行主である給人の苛政を百姓が訴えたりしたときには、勘定奉行がそれを処理するしかなかった。義和はこの仕事を「政治」と呼んで新設の評定奉行に担当させ、勘定奉行はその職名が指す通り「財用」問題だけに専念させたのである。

そして、勘定奉行の仕事を助ける職として財用奉行を新たに設け、四名を任命した。勘定奉行は毎年、藩財政の収支決算書を家老に提出して中長期的な計画を練ったのに対し、財用奉行は毎月晦日には支出に関する事項を一冊にまとめ、収納に関しては九日、十九日、二十九日の毎月三回、勘定奉行に報告するよう定めている。これに伴い、ふたりいた郷村奉行は廃止され、内ひとりは財用奉行に転職を命じられ、もうひとりは役を解かれたが、それまでの功労を賞して十五石の加増を受けている。郷村奉行は財用奉行に発展的に解消されたと考えてよいだろう。

また、能代奉行も廃止され、久保田の町奉行兼帯となったのも大きな変更だった。正式にはこれを能代支配兼帯といい、能代奉行に代って町奉行の支配下に能代方取次役という職が新設された。定員は二名で、ひとりずつ交代で能代に詰め、町奉行は年に二回程度能代に出張視察する体制となり、それまで能代奉行の支配下にあった能代木山方は財用奉行の支配に移された。これは、能代の民政と財政が共に藩庁の直轄下に置かれたことを意味している。

義和はこの職制改革を、三代藩主佐竹義処がかつて元禄十四年（一七〇一）に城内に会所を設立し、町奉行・勘定奉行・本方奉行の三奉行を家老の下に配置して会所政治を始めたのに匹敵する政治改革だと位置付けている。そのとき義処は、それまでの御用達を副役人と改め、これを三奉行総体を補佐する職としたのだが、副役人はその後、副役と改称され少しずつ性格を変えて存続していた。義和はこの副役を新設の評定奉行の下に位置付けて評定奉行差添と名称を改めさせた。

　義和はまた、家老配下の諸奉行に関して勘定奉行・評定奉行・町奉行・財用奉行・財用奉行見習という座列を定め、勘定奉行と評定奉行には廻座家格《まわりざかかく》★の者を以て就任させるよう決定した。廻座は引渡《ひきわたし》★に次ぐ第二位の家格で、この家格以上から家老が選任されることになっていた。したがって、この職制改革によって勘定奉行と評定奉行が家老に次ぐ重要閣僚と位置付けられたのであり、そのことは家臣一同誰しもがすぐに理解できた。

　この新しい職制を円滑に機能させるため義和は施設面にも意を砕いている。父義敦が最後に帰国して以来、寛政元年に義和が初入部したのは八年ぶりの藩主帰国だったから、翌年正月の新年の賀儀は君臣主従の関係を再確認する重要な場となった。そこで義和は、本丸御殿の拡充を命じるのだが、それにあわせて本丸にあった御用所も拡大し、そこに新たな勘定所を造らせている。御用所は家老が藩主の親裁を仰ぎ、奉行衆に指示を下して政治をおこなう政庁の中核施設だった。義和はこれを増築整備し、勘定奉行と評定奉行に毎日の出勤を命じたのである。一方、町奉行は交代で町奉行所に出勤するものの、本丸御用所への登庁は毎日でなくてもよいとした。この面からも勘定奉行と評定奉行の職の重みがわかるだろう。

　これら一連の職制改革は八年振りの藩主帰国に際し、藩主佐竹義和の名におい

▼廻座家格
常陸時代以来の有力家臣または藩政確立期に功績を残した者、および引渡の子息や分家に認められた家格。

▼引渡
佐竹氏血縁の十家と常陸時代に城主だった九家をあわせた計十九家に与えられた家格。

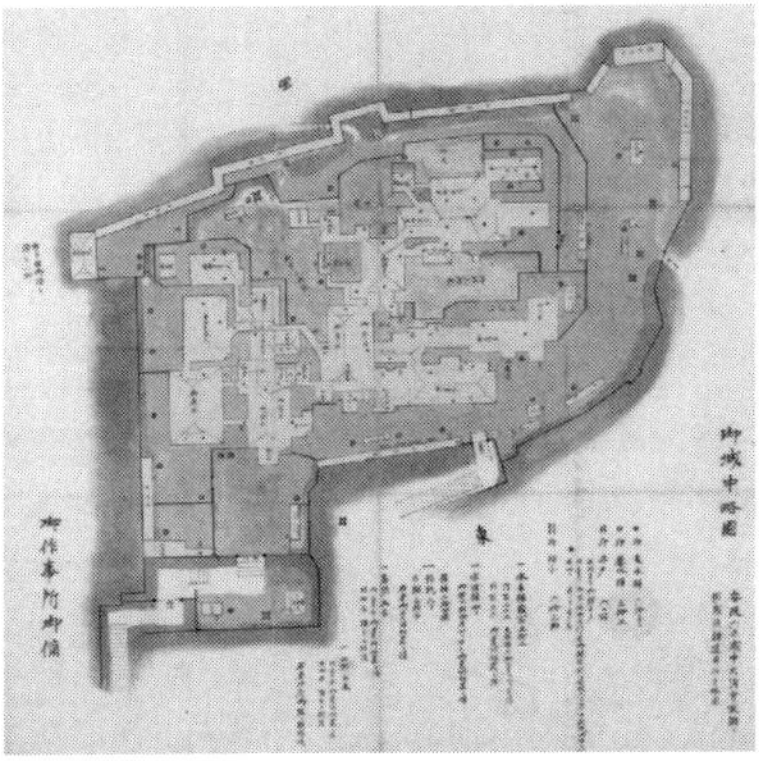
久保田城本丸御殿絵図
（秋田市立佐竹史料館蔵）

て発令されたものだった。だが、それと同時にこの改正が左近義方の同意の上になされたこともまた家中一同に公表されている。前藩主義敦の時代から藩主の意を呈して藩政を主導してきた義方に藩士たちが寄せる信頼は厚かった。本来なら、義和の後見たる義方も国許に帰り、今回の改革を指示するところだが、江戸藩邸を留守にする訳にはいかず、義和と義方の緊密な協議に基づいてこの重要政策が決定されたことを家老が家臣一同に説明している。

二の丸勘定所はそのまま残され、新設の御用所内勘定所を本丸勘定所とよんでふたつは区別された。その本丸御用所は藩主―家老―勘定・評定両奉行らによる藩庁中枢部をなし、そこで決定された事項に基づいて実務を執行したのが、二の丸勘定所や三の丸の会所だった。このようにして義和は城内の本丸・二の丸・三の丸にそれぞれ役所の施設を整え、指揮系統をはっきりさせて藩の施策が速やかに実現される体制を作りあげた。

◇2 藩校明徳館と殖産政策

秋田藩寛政改革の主眼は郡奉行の再設置と藩校明徳館の創設にある。

藩校では文武の「試」がおこなわれ、綱紀の引き締めと人材の登用が図られた。

郡奉行は藩庁の政策を全領にくまなく行きわたらせ、殖産政策を推し進める基盤となった。

藩校の創設

この時期、幕府や諸藩がおこなった政治改革の特徴として、儒教倫理に基づく体制の引き締め策があげられる。幕府では老中松平定信《まつだいらさだのぶ》が寛政二年（一七九〇）、寛政異学の禁を発し、幕府役人に儒学の中でも特に君臣の論★を鮮明に説く朱子学《しゅしがく》を修めるよう義務付けている。定信は、幕府儒官林家の私塾を昌平坂学問所と改称して幕府の直営とし、朱子学以外の学問を学ぶことを禁じた。学校を整備し学問を奨励することによって思想面から封建制の立て直しを図ろうとしたのである。

秋田藩の寛政改革においても、その方向性は同じだった。佐竹義和は家督を継いだ翌天明六年（一七八六）、京都の儒学者村瀬之熙《むらせゆきひろ》★を招いて用人格とし学問の師としている。村瀬は号を栲亭《こうてい》といい古学派★に属した。翌七年には秋田で百五十石

▼君臣の論
主君と臣下の別をわきまえ、上下の身分秩序や礼節を重んじる教え。

▼村瀬之熙
一七四四―一八一九。隠居後、京都に戻り私塾を開く。

▼古学派
儒学本来の精神を孔子や孟子の原経典から学ぼうとする学派。

を給して藩の学問師範とし、藩士が儒学を学ぶ上での師と位置付けた。寛政元年五月、義和は初の帰国を果たすと、七月には藩校の設立を表明し学問を重視する姿勢を明らかにした。八月、村瀬に百五十石を加増して知行三百石とし、総奉行の上席に位置付けた。また、それまで町奉行を務めていた中山盛履を村瀬の次席にしてやはり総奉行の上席とし、町奉行の職を解いて前藩主義敦の治績をまとめ編纂する仕事に専念させている。

藩校は義和が江戸に上る前月の寛政二年二月、千秋公園南側のお堀に沿った広小路の重臣屋敷地区に落成した。三の丸の渋江・梅津両屋敷から中土橋を南に出てすぐの場所である。それは後に拡充されて明徳館となるが、当初はまだ名称もなく、単に学館と称していた。

江戸に戻った義和はこの年五月と翌寛政三年正月の二回、当時折衷学派《せっちゅうがくは》★の論客として人気のあった山本信有《やまもとのぶあり》★を藩邸に呼び、孝経《こうきょう》★を講義させている。山本は幕府に仕える下級武士ながら北山《ほくざん》と号して漢学の私塾を開いていた。幕府役人の登用には朱子学が必須だったが、それにもかかわらず山本の私塾には多くの門弟が集い、義和も二度にわたって講義を聴いている。山本の学問は道徳を修養する実践的な倫理を説いており、義和はこの点に心惹かれたものと思われる。

寛政三年、二度目に帰国した義和は、その後の山本の処遇を考えてのことか、村瀬の禄を半減してその子に家督を譲らせ、之熙には隠居を申し付けている。ま

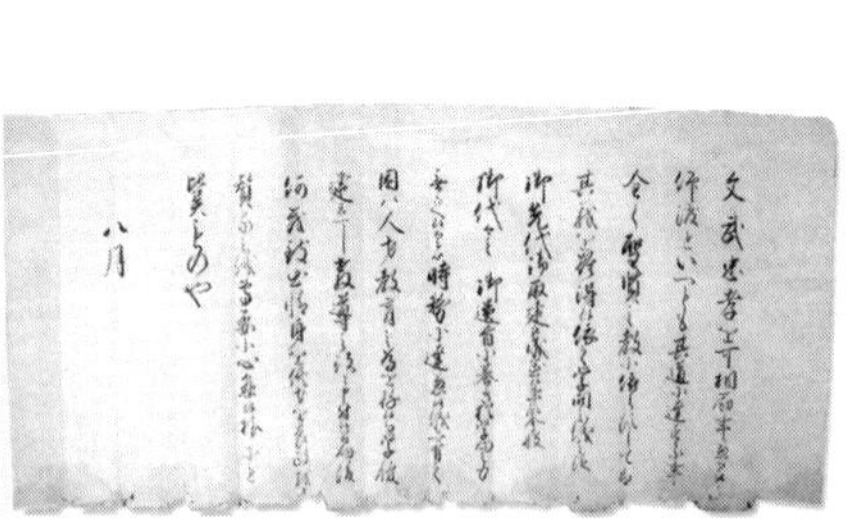
学館条目
（秋田県公文書館蔵）

▼折衷学派
江戸時代中期の儒学の一派。古学・朱子学・陽明学など諸説の長所を折衷して穏当な学説を唱えた。

▼山本信有
一七五二―一八一二。幕府の寛政異学の禁に反対した。

▼孝経
儒教で重視される十三の経典のひとつで、道徳の根源としての孝について説いた書。

たこの年の十二月、義和は翌年十八歳になるのを期に、重要事項に関してはそれまで通り義方に相談するとしながら、基本的には自らが政治を執るとして藩主直政を宣言した。

寛政五年、義和が三度目の帰国を果たすと、江戸から山本を呼び寄せ学館内にその居所を用意させた。そして、山本を村瀬に代る学問師範とし、七月、学館の組織を次のように決定した。漢学儒書の素読ならびにその内容を講義する教員として祭酒《さいしゅ》・文学《ぶんがく》・助教《じょきょう》という三つの職位を定め、定員は各一名で、それとは別に学館の事務と警備を担当する勤番の武士たちを統括する責任者として学館勤番支配二名を配置した。

祭酒には総奉行上席のまま中山盛履を任じて藩主の侍講・侍読とし、義敦の伝記を編纂する史館の仕事も引き続き担当させた。文学にはそれまで財用奉行だった金秀実《こんひでざね》を評定奉行に昇格させた上で兼務させた。金は評定奉行が本席で、その職をこなしつつ、学館教員として祭酒中山を助けることとなった。助教には副役の小《お》野《の》岡《おか》継光《つぐみつ》を奉行格に昇格させて登用し、副役の職を解いて助教専任とした。文学と助教の本務は、学館において藩士に対して漢学儒学を教授することで、義和も学館に出向き両名の講義を聴くことがあった。

学館勤番支配二名は上席に諸橋清武《もろはしきよたけ》を命じ、その下に那《な》珂《か》通博《みちひろ》を置いた。諸橋は評定奉行が本務で学館勤番支配は兼帯の職だった。一方の那珂はこの職の専任

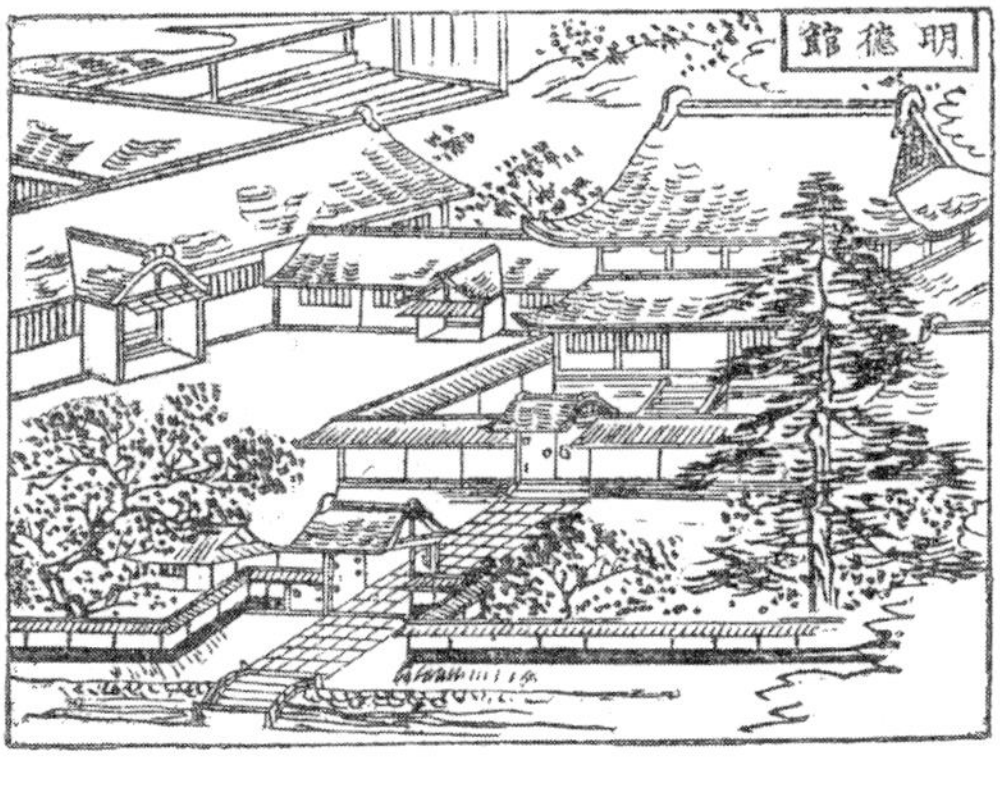

藩校明徳館
（秋田市中央図書館明徳館蔵）

で、やはりそれまで務めていた副役から職階が上がり、奉行格で任命されている。したがって、学館の指導陣一同には奉行上席から奉行およびそれに準じる奉行格までの職階が用意され、学館が藩組織の中で重く位置付けられたことが明らかとなる。また、これでわかるように義和の治世下ではふたつの職を兼務する兼帯任命の形が多かった。これは、財政上の理由から職員経費を節減する目的で取られた措置で、今でいう小さい政府を目指したものといえる。

出仕試験の登用制度

このように学館組織を定め教授陣を任命すると、義和は寛政五年（一七九三）八月、文武忠孝に励み「身を修め、才を養い、政を賛け」と家臣一同に訓令した。そして、その具体的施策として藩士任用試験を実施することにした。

秋田藩士は久保田の城下士と城代・所領支配下の在郷給人とに大きく分けられ、城下士は士分格の下級武士を除いて基本的に大番・大小姓・小姓という三つの番組のいずれかに編制されていた。これらの番組には各武家の当主だけでなく、その嫡男も十六歳になると組み込まれ、この番組に入ることを出仕といい、出仕すると俸禄が支給される仕組みになっていた。義和は学館を新設し、番入りに際してはここで出仕のための試験をおこなうと定めたのである。

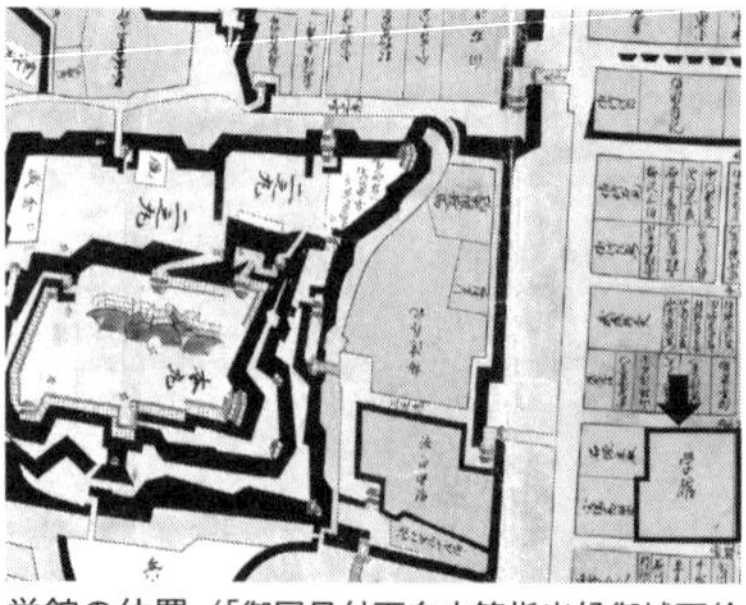

学館の位置（「御国目付下向之節指出候御城下絵図」より）（秋田県公文書館蔵）

明徳館跡の碑

これにより、十六歳以上となって藩に出仕を願い出るには、学館でおこなう文武の「試《ためし》」に合格することが必要となった。文では大学・中庸・論語の素読が必須科目となり、また、武では剣・弓・鎗が必修で、さらに七十石以上の駄輩家《だはいか》格《かく》★の者には馬術も試された。

このように、学館の基本は教育を授けるというよりも、まずは試験の場としての役割が期待されたことを正しく知っておく必要がある。藩は祭酒・文学・助教らが講義をおこなう日と、素読を教導する会読の日を定め、それへの出席を奨励したが、義務ではなかった。学館に出向いて講義を聴くのも自由だし、親類縁者をはじめもよりの師に素読を学び、それから学館教授陣による試験を受けるのも自由だった。

この試験制度は、二年後の寛政七年に義和が次に帰国するときから実際に運用するものとして、それを前もって公表したのだった。二年後の番入を希望する者には、武芸試験に向け、誰の門弟となって鍛錬しているのか、剣・弓・鎗・馬術それぞれに師範の名前を書いて学館に提出するよう指令している。

▼駄輩家格
知行高が七十石以上、百五十石未満の家柄。

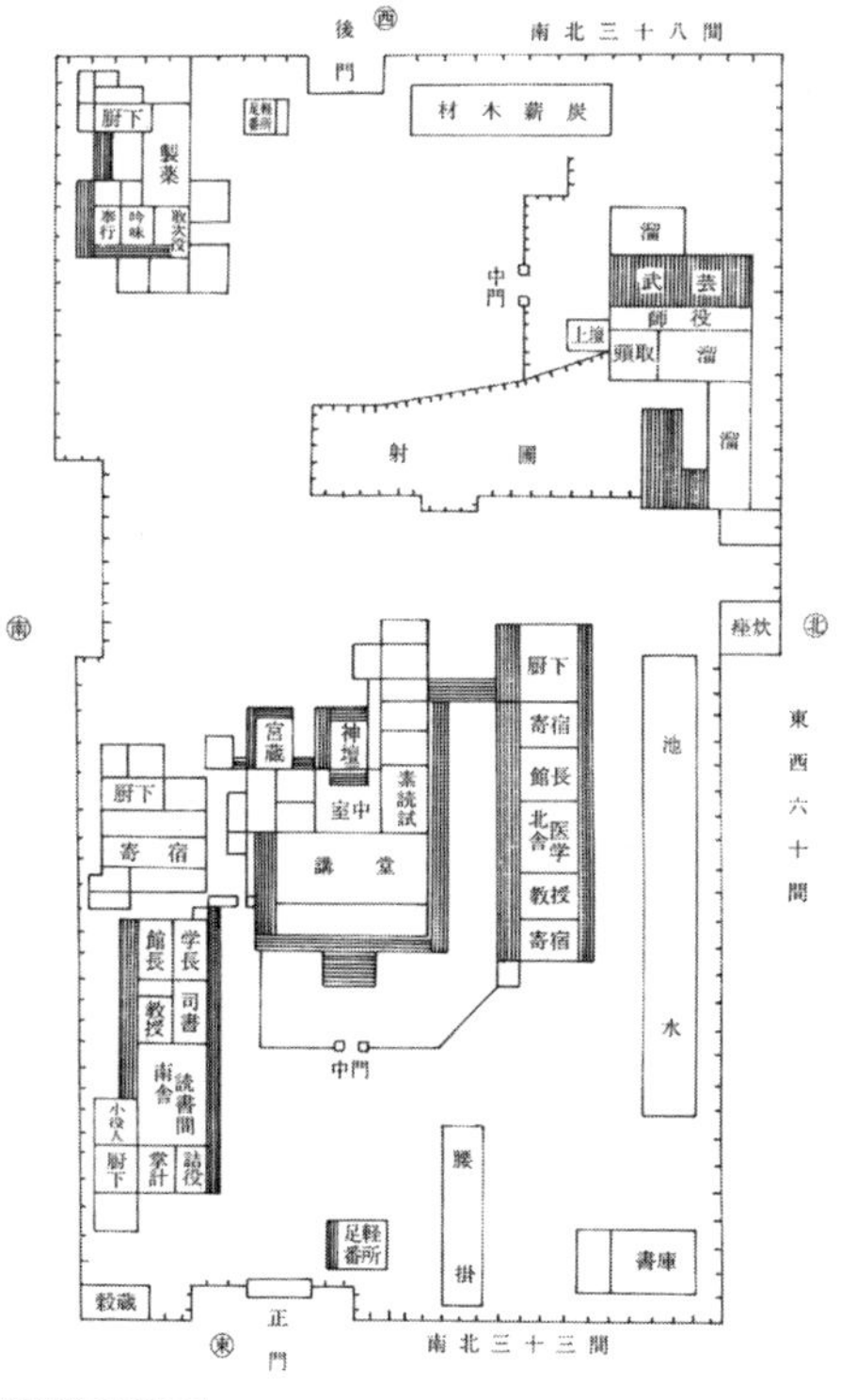

明徳館平面図
（公益財団千秋文庫蔵）

　また、奨学金の支給ともいえる制度を新たに制定したのも特徴のひとつだった。学館教授陣の吟味に叶った者二〇名には三年間、毎日の出席を命じ、筆墨紙料として銀三〇匁ずつを支給すると定めている。さらには城下士以外の在郷給人にも文武を奨励したので、その者たちにも一〇名を限度に毎月一人扶持《いちにんぶち》、つまり一日玄米五合の割合で手当を支給すると定めている。また、城代・所領配下の給人たちが職務上久保田に出向いた際には学館が宿所として利用された。このことからもわかるように、学館には当初より宿泊所の機能が整えられていた。山本北山の宿所もここに設けられていた。藩は在郷給人から若者一〇名を厳選し、学館に住み込ませて勉学させている。これは、給費生の制度といってよいだろう。

　学館には祭酒中山盛履のもとに前藩主義敦の伝記を編纂する史館が併設されていたし、武芸試験をおこなう武芸会所も設けられた。そして、寛政七年には医学館も設置される。寛政五年の義和訓令に際しては、おそらくその構想も大方が固まっていたと見られ、医者を志す者には大学・中庸・論語などの儒書に加え、様々な医書や薬草に関わる書物まで多彩な専門科目を試験すると定めている。これも学館教授陣が試験し、医学生たちは各書の素読を修め、素読修了書を試験前に学館に提出しなければならなかった。その者たちの中でさらに歩を進め、中央に出て医学の道を極めたいと願う者には、素問《そもん》★・霊枢《れいすう》★といった一層難しい書物の素読を試験し、それに合格した者だけに遊学を認めると定めている。

佐竹義和書「時習」
（湯沢市蔵）

▼素問
中国最古の医学書。自然哲学的な見地から生理・病理・衛生を論じた基礎理論書。

▼霊枢
素問とともに中国最古の医学書。鍼経（しんきょう）の別名といわれ、針治療法を実践的、技術的に記述。

分校書院の設置

それまで、元服した武家の嫡男は願い出によりほぼ自動的に番入りして出仕し、禄を食むことができた。しかしこれ以降、学館でおこなわれる文武両面の試験に合格しなければ出仕は叶わぬこととなった。これは藩士にとって家の存続に直結する重大事だった。義和は士分格の下級武士を除く城下士全員にまずこの制度を適用し、やがて城代・所預支配下の在郷給人全般へとその適用範囲を広めていく方針を打ち出した。

領内要地に藩校の分校を設立し、久保田の城下士同様、家臣一同にそこで文武両道を鍛錬するよう求めたのである。寛政五年（一七九三）の発令当初、久保田の学館に対して郷校と呼んでいた各地の分校は、同十年以降、書院と呼ぶよう改められ、その教官職は教授と定められた。各郷校書院は、城代・所預たちの支配地に設立され、院内の尚徳書院《しょうとくしょいん》、湯沢の時習書院《じしゅうしょいん》、横手の育英書院《いくえいしょいん》、角館の弘《こう》道書院《どうしょいん》、檜山の崇徳書院《そうとくしょいん》、大館の博文書院《はくぶんしょいん》、十二所の成章書院《せいしょうしょいん》などと名付けられた。各地の給人の中から書院教授二名ないし三名が選ばれ、それとは別に武芸師範も選ばれて、城下士同様、文武両道を教導し試験した。

これら書院は藩の直轄でありながら、施設の建設維持に関わる諸費用は城代・

育英書院
（横手城南高等学校蔵）

所預の経費より賄われた。しかし、その運用面では本校と分校という関係が明確に定められ、祭酒以下、明徳館の教官が各書院を巡回指導する体制が整えられる。そして、少し遅れるがこれらの書院に準じる藩の学校として、家格は低いながらも藩の直臣給人が集住した刈和野と角間川《かくまがわ》にも郷校が設置される。また、文政十年（一八二七）には能代にも「読書所」が開設され、後にこれを温故書院《おんこしょいん》と呼び慣わしていることを知れば、義和が推し進めた学問奨励策がその後も継承され広められたことがわかる。

義和の学問奨励策の心髄は、儒教倫理の実践にあった。文武の両面から忠孝の実践を求めたのである。儒書を素読し、その内容を理解するだけでなく、その知に基づいて主君への忠と養老への孝が実践されなければならなかった。義和は学館教授陣を本丸に呼び付けるのではなく、自ら城を出て学館に出向き、そこで祭酒の講義を聴聞する姿を家臣一同に示している。そしてその最も象徴的な儀式が釈奠《せきてん》★と養老式《ようろうしき》★の執行だった。

郡奉行の再設置

寛政七年（一七九五）九月、佐竹義和は四度目に帰国した折に暫く廃止となっていた郡奉行の職を復活させた。郡奉行は、文字通り各郡を所管する農政・民政

▼釈奠
供物を捧げて孔子を祭る儀式。律令制のもとで二月と八月の最初の丁（ひのと）の日に大学寮でおこなった。江戸時代、林羅山が再興し、以後、幕府や諸藩でおこなわれた。秋田藩では釈菜（せきさい）といった。

▼養老式
老人を敬い、労わる儀式。

の専門官で、代官たちを指揮して藩庁で決めた諸政策を領内一円に徹底させるための職だった。

　このとき任命された郡奉行をその前職と共に示すと次のようになる。雄勝郡・軽部《かるべ》永重《ながしげ》（財用奉行）、平鹿郡・今泉光正《いまいずみみつまさ》（財用奉行）、仙北郡・諸橋清武《もろはしきよたけ》（評定奉行）、河辺郡・岡谷綱本《おかやつなもと》（評定奉行）、秋田郡・金秀実《こんひでざね》（評定奉行）、そして山本郡・大森昌後（元勘定奉行）の六名だった。このことから、郡奉行の制度は勘定・評定・財用奉行など、おもに財政畑の経験者を異動させて再開されたことがわかる。また、義和は勘定奉行―郡奉行―評定奉行―財用奉行の座列を定め、同時に町奉行と能代奉行は評定奉行と財用奉行にそれぞれ兼帯させた。

　これは、秋田藩政史上の大変革で、十八世紀後半以降、秋田藩が基本姿勢とした「六郡一統」を形に表したものだった。すなわち、義和は藩政の主軸に財政問題を据え、勘定奉行をトップに中長期的な藩財政の展望を描かせ、それを実現するための実務担当者として財用奉行を新設すると共に、財政以外の一般政務を担当する職として評定奉行を設けたのだった。そして今度は、それを藩領全域にくまなくいきわたらせるために郡奉行を再設置したのである。これにより、藩領を高地と高外地に分け、高が付けられた土地とその耕作者に関しては、代官支配地と家臣知行地の区別なく郡奉行が農政と民政の一切を担当することになった。

　ただし、かつて十三割新法で失敗した経験に鑑みて、郡奉行は給人たちの年貢徴収権には踏み込まず、所管する郡ごとに「産物取立」をすることが第一の任務とされた。産物取立とは、今でいう特産品の育成策で、その地に適した産物を見出し、普及させるのが目的だった。しかし、それまでに試みられた菜種や紅花は結局のところ特産品としては定着しなかった。この点を踏まえ、ここでの産物はいわゆる商品畑作物の栽培を目指したものではなかった。

秋田藩はこれより約三〇年以上も以前から漆や杉、檜などの植林に取り組んでおり、特に漆に関しては城廻の土塁にまで苗を植え付けて育てていた。漆は実から蠟を絞り、樹液は漆塗りの原料となる有用な樹木だった。加えて桑や楮の試験栽培にも取り組んでいた。藩が当初、菜種や紅花などの畑作物に着目したころには、杉・檜を有力視し、林取立役を任命して寺社境内や豪農屋敷周りの木数を調べさせたり、山林への植樹を担当させていた。しかし、次第に畑地での商品作物栽培に見切りを付け、義和は寛政元年、林取立役を廃止し、同四年には諸産物取担役を任命して翌年には産物方役所を設置した。ここでいう産物とは、杉・檜・漆・桑・楮などの樹木だった。

佐竹義和は、林取立役を廃止したとき、それに代わって代官手代役を新設している。これは「手代り役」と記されるときもあり、文字通り代官に成り代わって現地で指揮を執る役人だった。代官二二名は、それぞれに割り当てられた受け持ちの地域を分担支配していたが、それまで現地に設けられた代官所は二カ所のみで、藩領北部を担当する下筋代官所が山本郡森岳村にあり、藩領南部を担当する仙北代官所が仙北郡西長野村にあるだけだった。義和は、新設の代官手代役にはこれとは別に勤務役所を建てさせ、代官に代わってその役所に常駐するよう命じている。

こうして、寛政七年の郡奉行再設置までには慎重な地均しがおこなわれていた。すでに天明二年から代官は郷村奉行配下となり、その郷村奉行は財用奉行へと発展的に解消され、その財用奉行や勘定奉行・評定奉行らが人事異動して郡奉行へと転じたのだから、代官が郡奉行の配下となって動く指揮系統に違和感はなかった。そして義和は、代官手代役の現地常駐制をさらに発展させ、久保田城下に設けた郡奉行所とは別に、郡奉行の現地出張所を作らせ、郡奉行を任地により密着させようとした。しかも、代官二二名を補佐した代官手代役だったから、郡奉行出張所も各郡にひとつではなく、二カ所ないし三カ所ずつ設置した。これを役屋という。

役屋を核とした郡方支配は漸次整備された。代官と代官手代役は廃止され、代わって各郡に郡方吟味役二名ずつが役屋に常駐する体制となる。郡奉行は例年春秋二回ずつ支配地域を巡回し、通常は役屋に勤務する郡方吟味役がその配下に見廻役や用係、それに郡方足軽を従えて諸務を担当した。寛政十二年には早速、新任されたばかりの郡方吟味役三名が、仕事の忠勤を評価され、その恩賞としてそれぞれ十石、十五石と加増されている。

釈奠と養老

藩は検地役や林役など在方農村に関わる職を郡奉行支配に一元化し、それに合わせて村方にも親郷と寄郷の制を定めた。これにより、親郷に指定された村は四、五カ村から七、八カ村ほどの村方を寄郷として編成し、藩の政策は、家老―郡奉行―郡方吟味役―親郷肝煎―寄郷村々という指揮系統によって六郡一統に徹底されるようになった。

郡方支配におけるもうひとつの特徴は、在郷給人を積極的に活用した点にあった。秋田六郡には城代・所預たちが一円的に支配する地域があって、そこには藩の直臣給人たちが多数集住していた。彼らは、城下士が務める郡奉行とは違い、各郡の在地事情に精通していたから、藩は彼らを登用し適地適作の農政指導に当たらせることにした。

そのひとつに諸産物取立役がある。寛政十一年、これに任じられた横手給人鈴木重孝は知行百五十石未満の駄輩家格で、通常は横手城本丸警備の横手大番組の任務に就いていた。それが、諸産物取立役に任じられて勤番を免除されると、その期間中は郡奉行の直支配となり、格式も城下士同様の取り扱いを受けることに

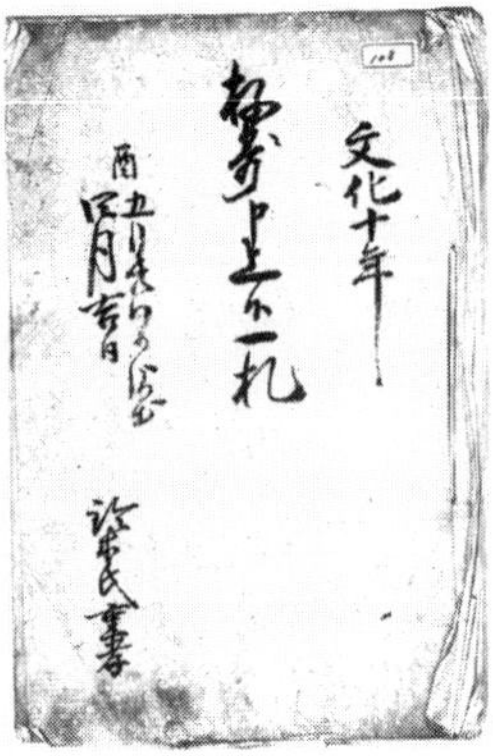

鈴木重孝が殖産政策について上申した「存寄申上候一札」（横手市・鈴木剛家文書）

なった。

　このようにして藩は郡方支配の形を次第に整え、給地支配に踏み込むことなく、給人を産物取立の諸役に登用し、城下士同様に扱ったから、給人たちが郡方支配に反発することはなかった。しかも、産物取立の中心は漆や桑・杉・檜などで、川縁や未開の荒地、あるいは街道沿いへの植え付けが奨励され、畑地には穀類以外の作付けが禁じられた。それゆえ、藩士一同は給地百姓が目先の利益を求めて商品作物に惑わされ、米作りを疎かにする心配をせずに済んだ。

　寛政六年（一七九四）、佐竹義和は代官を通じて孝心抜群、農業出精、農業の合間に産物取立に励んだ農民を調べさせ、それを前年に設立されたばかりの藩校に報告するよう命じている。ここでの農業が田畑の営みであり、産物が漆や桑などの益木であることは言うまでもない。これらに精励した農民を、親を大事にする孝心抜群の者と同様に賞し、褒美を取らせるようにしたのだった。

　この褒賞制度は、秋田藩寛政改革における特徴のひとつでもある。寛政五年八月、藩主佐竹義和は落成したばかりの藩校に出向き、自ら釈奠を執行し、養老式を執りおこなった。釈奠は儒教の祖孔子《こうし》を祭る儀式で、毎年旧暦二月と八月の最初の丁《ひのと》の日に、供え物を置いて祭祀をおこなった。義和は「至聖先師孔子神位《しせいせんしこうししんい》」と墨書した欅の白木を作り、これを孔子の神位として藩校の講堂に安置させた。「至聖先師」は孔子に贈られた尊称で、この白木は孔子の御霊《みたま》があるところを意

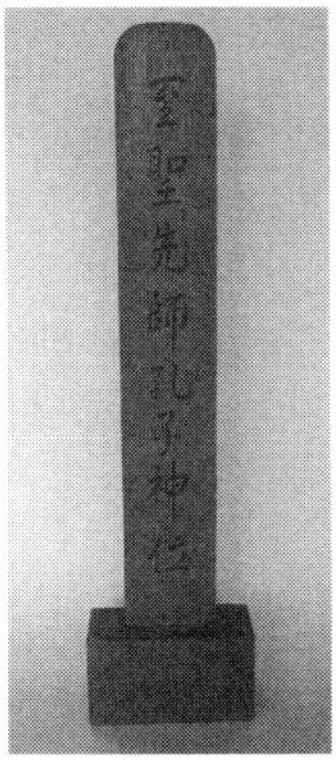

孔子神位
（秋田市本町五丁目町内会蔵）

味した。義和はこの神位に供え物を献じ、自ら孔子を祭る姿を家臣に見せたのだった。秋田藩では、これを釈菜《せきさい》と称し、これ以降、藩主在国時の定例とした。幕府が湯島の聖堂でおこなっていたこの儀式を藩校明徳館でおこなうようにしたのである。

　そして、これに合わせて同時におこなわれたのが養老式で、義和はそれにより領民一同に孝順★の道を教え諭そうとした。それは、身分に応じて男女老人を尊崇する儀礼で、たとえば、武士は男七十歳、女七十五歳以上、士分格の者は男女とも八十歳以上、そして百姓町人は男女とも九十歳以上とし、その者たちを藩校に招いて記念の品を授けた。大事なのは、これら釈奠と養老式をセットでおこない、しかも当該者以外にも希望者にはこの儀式を見学させた点にある。つまり、藩主自ら城を出て藩校に出向き、そこで孔子を祭る釈奠をおこない、かつ養老式を執行することにより、忠孝の道を家臣と領民に教諭したのである。

　藩校は儒教倫理とその道徳観によって弛緩しつつある藩体制を引き締める場として利用された。秋田藩の産物取立策は、このような孝心・養老・忠孝といった儒教精神に基づく徳目と絡めつつ推進されたのだった。

▼**孝順**
親に孝行を尽くし、父母の意に従順であること。

③ 改革政治の継承

改革政治は義和の没後、次の義厚の代に引き継がれ、養蚕製糸業と蚕種業に成果をあげる。
文化四年（一八〇七）の箱館出兵は二百年来の泰平の世を震撼させる大事件で、
秋田藩はその後も軍事訓練を怠らなかった。

文化四年の箱館出兵

文化四年（一八〇七）五月二十四日の深夜、弘前藩士が足軽二名を伴って走り来て久保田城に急を告げた。それは、異国船が蝦夷地に襲来する事態に備え、秋田藩に急ぎ出兵するよう箱館奉行羽太正養《はぶとまさやす》★からの指令だった。藩主佐竹義和は、このとき帰国して国許におり、その夜の内に重役衆をみな登城させると、家老疋《ひき》田定綱《たさだつな》をこの担当に宛て、すぐさま箱館に向け藩兵を出動させるよう指示した。第一陣は、出兵軍の宿営地を設営するための部隊で、まず財用奉行が土崎湊に急行し、渡海に必要な船の手配に取り掛かっている。それは迅速な対応だった。秋田藩は幕府から事前の指示を受け、こうした事態への準備をあらかじめ整えていたのだった。

▼**羽太正養**
一七五二―一八一四。旗本。奉行就任前に蝦夷地取締御用掛となり国後島（くなしりとう）まで巡視。

羽太正養
（函館市中央図書館蔵）

蝦夷地では寛政元年（一七八九）、根室から知床、そして国後《くなしり》方面のアイヌが大規模な騒乱を起こしたり、ロシア使節ラクスマン★が同四年、通商を求めて根室に来航したりと不穏な情勢が続いていた。そこで、幕府は近藤重蔵《こんどうじゅうぞう》★や最上徳内《もがみとくない》★らを派遣して国後島からその先の択捉《えとろふ》島方面を探索させ、ロシア側がアイヌの人びとと接触を図ろうと策動していたことを摑んでいた。

そこで同十一年、当時東蝦夷地といわれた箱館から根室を経て知床半島に至る北海道の太平洋沿岸地方を幕府の直轄地とし、箱館奉行を置いて警備を固めることにした。この年はまた、豪商高田屋嘉兵衛《たかだやかへえ》★が択捉島に良質な昆布の漁場を発見し、そこに行く安全な航路を開いた年でもあった。幕府はこの漁業資源を守るためにも、ロシアの進出に備えなければならなかった。そこで、文化元年（一八〇四）、弘前藩と盛岡藩に蝦夷地警備を命じ出動させている。その際、もし北辺に不測の事態があった場合には弘前藩を助け、箱館奉行から指示があり次第、その命に従うよう秋田藩に命じていた。

これにより秋田藩は、緊急事態に備え、いつでも出動できるよう部隊編制を整えていた。その部隊は、久保田の城下士と横手居住の給人で構成され、向帯刀《むかいたてわき》を総大将に総勢一三七〇人余からなる陣容だった。藩領北部、大館城下に居住する給人には弘前藩の支援が想定されたものと思われ、彼らには国許控えが命じられ、久保田に次ぐ軍団規模だった横手給人に出動が命じられた。部隊は、鉄砲・

▼ラクスマン
一七六六―一七九六（？）　陸軍軍人。ロシア皇帝エカチェリーナ二世の命を受け日本人漂流民大黒屋光太夫らを伴い根室に来航し通商を要求したが幕府に拒絶され帰国。

▼近藤重蔵
一七七一―一八二九。幕臣。実名は守重（もりしげ）。蝦夷地の重要性を説き、千島方面を探検して享和二年（一八〇二）、択捉島に大日本恵土呂府の標柱を建てる。

▼最上徳内
一七五五―一八三六。出羽国村山郡の人。幕府に取り立てられ樺太や択捉島の調査を担当。

▼高田屋嘉兵衛
一七六九―一八二七。淡路出身の商人で、択捉島の昆布漁場と航路を開拓。箱館の開発にも尽力。

弓・鎗の足軽隊と戦士武者の組で構成される戦闘部隊二隊と陣地設営に当たる部隊とで編制され、戦闘部隊は大番頭松野《まつの》綱光《つなみつ》と梅津忠融の両名が指揮するという体制だった。

　秋田藩の箱館出兵は、三次に分けて出陣する計画だった。箱館奉行よりの指令を受けた翌日の五月二十五日夕刻には、まず、陣場奉行《じんばぶぎょう》★金秀興《こんひでおき》率いる足軽を主体とした陣地設営武隊が久保田を発ち、土崎湊で渡海用の船を用立てることができなかったため津軽半島突端の三厩《みんまや》を目指して出陣していった。金は能代奉行を経てこのときは藩の財用奉行を務めており、軍事指揮官というよりは施設部隊の長としての意味合いが強かった。この先鋒隊三六九名は、ようやくの思いで六月十日、箱館に着いた。その大半は荷物運びの小荷駄方や大工・鍛冶・兵具役や医者・物書などで、部隊を維持するための非戦闘員が多数を占めていた。このとき、津軽海峡の渡海に協力したのが箱館の豪商高田屋嘉兵衛だった。

　五月二十九日、金に次ぎ大番頭松野率いる第二陣が出発した。この部隊は、六月七日、能代から出帆したが、大型船を用意できず、やむなく小船一四艘を雇っての船出となった。そのため、一行は風と波にもまれて離ればなれとなり、航海の危険に曝されながらやっとの思いで同十九日、三厩に辿り着いた。このときも高田屋が渡海に協力している。高田屋は箱館から大型船を差し向け、秋田藩兵を乗せて七月二日、三厩を発った。そして翌三日、松野隊一行は陣場奉行金が待つ

▼**陣場奉行**
戦闘部隊の布陣を定め、宿営地を設営する部隊の長。

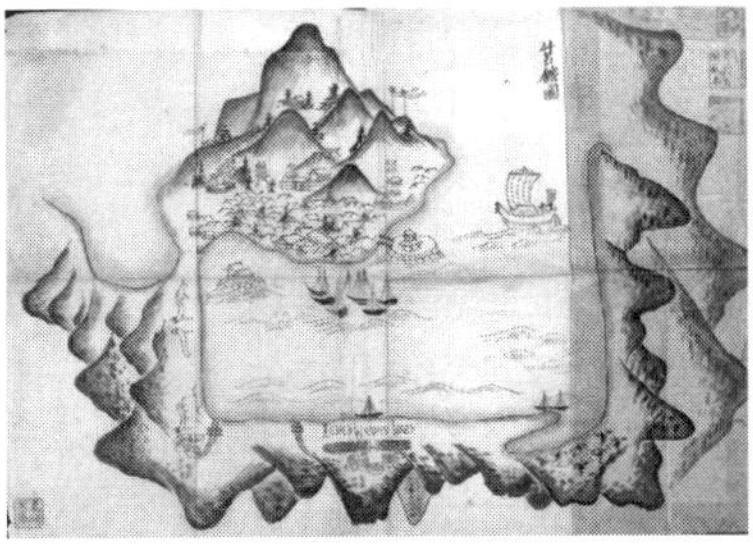

箱館の幕府・諸藩陣屋
（大館市立中央図書館蔵）

高田屋嘉兵衛
（函館市・北方歴史資料館蔵）

箱館七重浜の陣所に合流することができた。しかし、このとき総大将の向は大番頭梅津の率いる第三陣と共にまだ久保田に留まっていた。

箱館に辿り着いた秋田藩士たちは、ロシアの侵攻に備え、そこで軍事訓練に励んだ。ところが、一向にロシアの脅威を感じることはなかった。それは、このときの襲撃事件はロシア軍としての出動ではなく、一部軍人による暴発行動だったからである。ラクスマンの後を継ぎ長崎で交渉に当たっていたレザノフ★は、何カ月も待たされた挙げ句に幕府から交渉を拒絶された。彼は、皇帝よりの親書を携えたロシア使節としての威厳を傷付けられたと感じ、オホーツクを経ての帰路、軍事的な威嚇をもって日本との通商に道が開けないかと考えた。

その意を受けた部下が、文化三年（一八〇六）九月、幕府が設置していた樺太番屋を襲撃し、翌四年四月には、択捉島の番屋を襲った。そのときは銃撃戦の末に番屋を乗っ取り、近藤重蔵らが建てた「大日本恵土呂府」の標柱をなぎ倒した。このとき択捉番屋で警備に当たっていた弘前藩士が、何とか脱出して箱館奉行に事件を通報すると、そこへ後を追うようにロシア船が箱館沖に姿を現したので、箱館は右往左往の大混乱となった。

しかしこれは、ロシア皇帝の指令に基づく軍事行動ではなかったから、これ以上事態が進行することはなかった。同年七月二十六日、幕府若年寄堀田正敦★と大目付中川忠英《ただてる》★らが箱館にやってくるころにはすっかり平穏な状況に戻っていた。

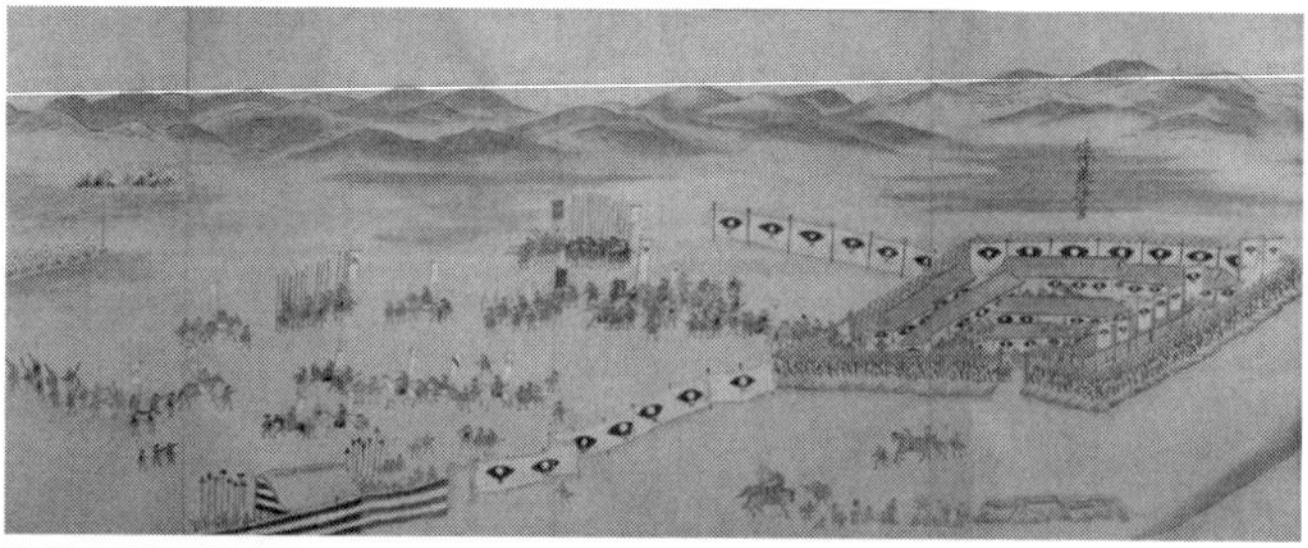
箱館七重浜調練図
（函館市立中央図書館蔵）

▼レザノフ
一七六四―一八〇七。ロシアの貴族。皇帝アレクサンドル一世の命を受け、日本との通商を求めて長崎に来航。

このため翌二十七日には秋田藩兵に帰国命令が下された。こうして、軍将向の率いる第三陣は国許に留まったまま部隊は解兵となり、箱館に出陣した部隊も八月二十二日には全員が久保田に帰陣した。これは、二百年来続いた泰平の世に、わずか三カ月の出陣ではあったが、秋田藩士に戦国の世を思い起こさせる大事件となった。

佐竹義和から義厚へ

秋田藩中興の祖佐竹義和の死はあまりに突然だった。文化十二年（一八一五）七月七日夜、いつも通り床に就くと前ぶれもなしに急な頭痛に襲われ、嘔吐して筋肉が引きつり、激しい歯ぎしりのような異音を発して苦しみ出した。側近の侍医はもちろん、他の医者も駆け付け手を尽くしたが、意識は混濁して戻らず、ついに翌八日の夕刻、久保田城に四十一歳の生涯を閉じた。正室の子に恵まれなかった義和は、亡くなる二年前の文化十年三月、側室との間に生まれた庶子徳寿丸《とくじゅまる》を正室の養子として自らの世嗣と定め、それを幕府に願い出て許されていた。そのとき、幕府への届け出は徳寿丸五歳とされていたが、実際には文化九年七月の生まれで、このときまだ三歳の幼子だった。

義和が亡くなったとき、秋田藩には筆頭家老疋田定綱のもと岡本元長《おかもともとなが》・小野岡《おのおか》

▼堀田正敦
一七五五—一八三二。仙台藩主伊達宗村の八男。近江堅田藩主堀田正富の養子となり一万石を継ぐ。

▼中川忠英
一七五三—一八三〇。旗本。長崎奉行・勘定奉行・関東郡代・大目付・旗奉行などを歴任。

軍将向飛騨の旗印
（秋田県公文書館蔵「箱館御加勢出張指控候面々御旗印」より）

義音《よしね》・宇都宮重綱《うつのみやしげつな》ら四名の家老がいた。宇都宮はこのとき江戸藩邸に詰めており、国許からの指示を受けてまずは隣藩で親類の亀田藩江戸藩邸を訪ね、世嗣岩城隆喜に義和の遺領がつつがなく徳寿丸に継承されるよう幕閣への働き掛けを願い、次いで分家大名佐竹壱岐守家の当主義知《よしちか》の屋敷に赴き、徳寿丸幼少の間、藩主に代わって国政の重責を担うよう依託した。すると、これを受けた義知は国許に指示して苗字衆筆頭★の北義文《きたよしぶみ》を角館から呼び出し、しばらく久保田に滞在して東義冨と共に藩政の押さえとなるよう命じている。すべては人心の動揺を抑えるため疋田が取った策とみられる。

九月七日、義知は幕府老中の屋敷に呼び出され、将軍より徳寿丸襲封の許可が出されたことを伝えられると、国許では、同十九日、久保田城の大広間に重臣が集められ、北義文・東義冨と家老三名が列座してこれを一同に伝えている。義冨は、実は江戸で義和を支えた左近義方の長男で、義和のいとこだった。文化二年(一八〇五)、義和は東義府が酒に酔って人を殺めたため身柄を一族預けとし、それに代わって義冨を秋田に送って佐竹東家を継承させたのだった。

その後、義和の遺領を継いだ徳寿丸は元服して義厚《よしひろ》と名を改め秋田藩十代藩主となった。その義厚が初めて秋田に帰国したのは文政八年(一八二五)、十四歳のときで、二度目に帰国した同十一年二月には、これ以降、自ら藩政を直裁すると宣言している。

十代藩主佐竹義厚(天徳寺蔵)

▼苗字衆筆頭
佐竹姓を許された北・東・南・西家の中で最高位の家格。

この間、実際に藩政を導いたのは佐竹義知とその支持を得た家老疋田定綱だった。疋田は文化十四年二月、病気を理由に一旦家老職を退いたが、文政三年義厚から復職を命じられる。そして、天保三年（一八三二）、辞職が許されたときには、「多年の勲功抜群」を賞して特別に以後も国相《こくしょう》★の格式が許されるほど義厚の厚い信任を得た家老だった。

佐竹一族の支え

また、藩主不在が続く国許でその名代を務めたのが北義文だった。文化十四年（一八一七）八月には藩校明徳館において藩主に代わって釈奠および養老の儀式を執行し、翌文政元年（一八一八）正月元旦には久保田城で年頭の賀を祝い、家老以下重臣諸司に酒杯を振る舞っている。これは、分家大名佐竹義知が苗字衆筆頭の北義文に国許を託したもので、さらに踏み込んで義文には国相荷担《こくしょうかたん》★および国相参議《こくしょうさんぎ》★を申し付けている。通常、佐竹苗字衆は宗家の諮問に与ることはあっても家老の指導する藩政には関与しないのが秋田藩の原則だった。ところが、義文に対しては家老職の一端を担い、あるいは家老たちの合議に加わって助言するよう命じられている。

それは、幕府国目付の領内巡視という重要事案を抱えていたからだった。家督

▼国相
家老のこと。秋田藩では家老を国相とも執政ともいった。

▼国相荷担
家老の職を一部担うこと。

▼国相参議
家老の会議に参加すること。

の継承が認められたとはいえ、藩主が幼少で帰国して政治をおこなえない以上、幕府から監察使として国目付が派遣されその監督を受ける事態は避けられなかった。そこで北義文に家老疋田定綱を支える役割が求められたのである。文政四年五月二十日、国目付両名は藩領南部の院内に入り、その後、横手城、盛岡藩境などを視察して、二十七日には久保田に着いた。それから藩領北部をめぐって大館城を検視、七月には久保田で家老たちがまとめた書類に目を通し、八月には由利境の新屋村を巡視し、一連の監察を終えて江戸に向け久保田を発ったのは十月二十三日のことだった。

この間、国目付両名が秋田領を巡視しているころ、江戸では壱岐守義知が急な病を患い、文政四年七月、三十五歳の若さで急逝した。今度は、これまで宗家を助けてきた分家大名家の存亡を問われる危機となった。だが、子のなかった義知の準備は周到で、すでに叔父義恭《よしひろ》の長子義純《よしすみ》を養嗣子として届け出ていたから、義知死去の事実を伏したまま義知病気による義純への家督継承願いを提出し、それが許されてから義知の死を幕府に届け出たのだった。義純はこのとき元服を済ませた二十一歳の成年であり、宗家の秋田藩側は義知に代わって義純に引き続き義厚の摂政役を委ねている。義純は同年十二月、養父同様壱岐守に叙任され、このあと義厚の名代となって幕府との関係一切を引き受けた。

もうひとり、江戸で義厚の師となったのが左近義方の次男で、その家督を継承した義路《よしみち》である。義路は天明六年（一七八六）の生まれ、一旦、幕府医官の養子となったが、実兄の義冨《よしとみ》が藩主義和の命で佐竹東家を継いで秋田に移ったため、父義方のもとに戻り、文化六年義方の死後、その跡を継承した。義路は義和の信任が厚く、同十年四月、参勤交代で義和が帰国した折には織田主水《おだもんど》と変名させて同行させている。この前年、ようやく徳寿丸、後の義厚が生まれており、義和は、あるいは自らの死を予感したのか、義路を同行して国許の実情を見せておきたかったのかもしれない。

義路は通称を鼎《かなえ》と称し、義和の期待通り義厚の師となり、文政元年七歳になった義厚が漢学読書の学問を始めたときには、儒書「孝経」の素読を講義し、以後、義厚に文武を教導している。同八年、義厚が初めて帰国を許されたときには、一行に先立って秋田に入り、家老一同と共に義厚を久保田城に出迎えている。

殖産政策の進展

文政九年（一八二六）、義厚は国許で初めて正月を迎え、政務所に重臣一同を集め訓令した。その訓示は、まずねぎらいの言葉から始まっている。義厚幼少の間、先代義和からの改革政治を継承し、「国家

佐竹氏略系図3

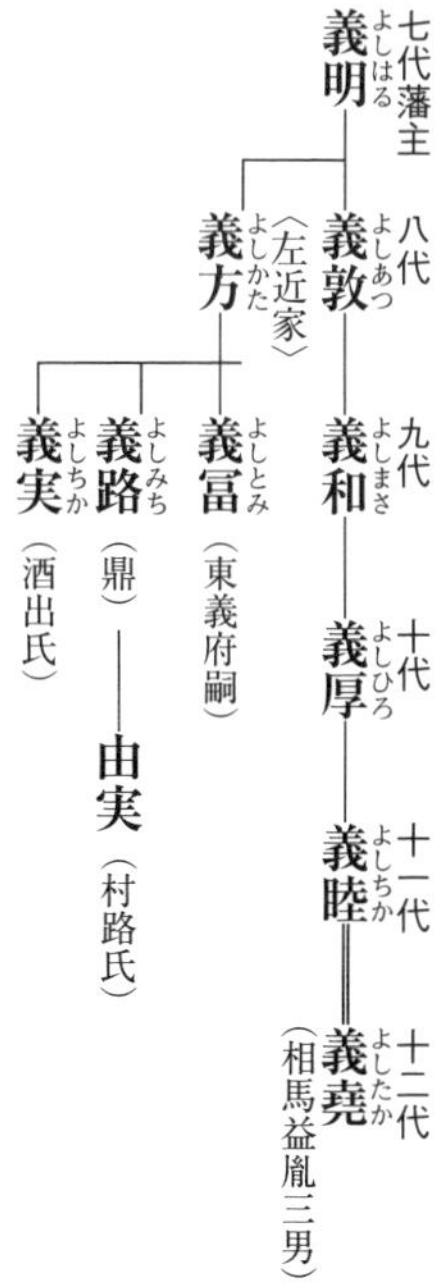

を無事治めることができたのは家老をはじめ諸役人の忠勤によるものだ」と一同を慰労し賞揚している。しかし近年、ややもすると改革意識の弛緩する場面も見られるので、分家大名義純とも相談した上で、施政方針の基本を定めたので、その詳細を文書によって示達するとしている。

評定一座に指令されたこの訓令四カ条の趣旨は、改革の継承と政策決定の迅速化にあり、家老の職権を強化し、実務担当者の仕事をよりやり易くすることにあった。勘定方・郡方・町方・その他担当の部署ごとに相役相互に協議して方針を固め、必要に応じてあらかじめ関連部署とも意見調整をおこない、その上で家老に上申しその決済を受けるよう指令している。それまでは、毎回、事案ごとに彼ら諸奉行に副役を含めた一同が揃ったところに家老が列座し、そこに刀番から目付まで控えて会議をおこなっていた。これを総評と呼んでいる。訓令ではこれを必要ないとして改め、実務重視の姿勢を打ち出している。

つまり、それまでは評定一座に奉行たちが集まり、家老が彼ら諸奉行の意見を調整して政策を決めていたのだが、以後は担当部署が責任を持って案を固めれば、あとは家老の判断ですぐに決済できるように迅速化を図ったのである。また、佐竹苗字衆と所預の面々には別紙をもって訓令した。それによれば、先代義和が指令した通り、願いごとや提案ごとの類いはすべて家老に提出し、その指図に従うべしと指示している。ここからも、家老の権限強化が図られていることがわかるだろう。

改革政治の継承とは産業の育成、殖産振興策を継続することだった。このとき義厚は、勘定奉行の金秀興《こんひでおき》や郡奉行蓮沼仲《はすぬまなか》ら農政担当者に向けて特別に「総産取立の儀」を訓令している。それまで義和の治世下には、林業振興、漆木育成など色々試みられたが、その中で最も効果を上げたのが桑苗木の植え付けと、それを用いた養蚕業だった。義厚はこの点を重視し金と蓮沼に養蚕係を申し付け、当面の損益にとらわれることなく、長期的な将来計画をもって領内一円に養蚕業を広めるよう命じている。

また、文政四年には人参取立役を新設したり、同七年には国産の陶器を完成させたりと、藩主導の産業育成策が次々と打ち出されていた。朝鮮人参の栽培と増産を目指すこの政策は、富山の配置売薬★を排除して国産和薬を製造し、藩校への医学館創設と続いた義和の政治路線を一層推し進めるものだった。秋田藩寛政改革は、こうして文化文政期から天保期へと継承されていくが、その際に蓮沼ら郡奉行と、その支援を得た勘定奉行金易右衛門らの果たした役割は大きく、義厚は彼らを幾度となく褒賞している。だが、その背後にあって改革政治を推進した真の指導者は家老疋田定綱だったことは言うまでもない。

▼**配置売薬**
富山の置き薬。薬の行商人が客の家に薬を置いていき、翌年再訪した際に使った分の代金を受け取り、不足した薬を補充していく販売方式。

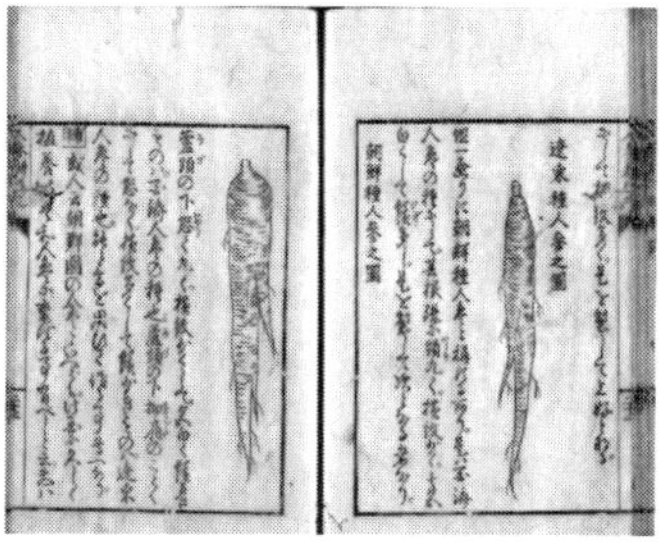

『朝鮮人参耕作記』
(国立国会図書館蔵)

これも秋田

日本ジオパーク

男鹿半島・大潟ジオパーク

ジオパークは「大地の公園」の意味で、日本ジオパーク委員会はユネスコのジオパーク活動に参加し、二〇一八年九月時点で全国四四の地域を日本ジオパークと認定した。このうち三地域が旧秋田藩領にあり、いずれもユネスコの登録を目指して活動を続けている。

男鹿半島・大潟ジオパークは「半島と干拓が育む人と大地の物語」をテーマに、恐竜の時代から現代に至る大地と人の歴史を体感できるエリアだ。入道崎の断崖は約七〇〇〇万年前にできた溶結凝灰岩で、景観美に優れた半島南岸は約三〇〇〇万年前の火山礫凝灰岩が風化したもので、ろうそく岩やゴジラ岩は有名。また、六万～八万年前の火山爆発でできた爆裂火口が一ノ目潟、二ノ目潟、三ノ目潟となって残り、その眺望が素晴らしい。滝の頭の湧水は一日二万五〇〇〇トンを誇り、半島突端には男鹿温泉郷もある。大潟村は日本最大の干拓地で、そこに広がる田園風景を見ると、まるで日本ではないような錯覚に陥り、独特の景観を創り出している。

ゴジラ岩（写真提供＝男鹿半島・大潟ジオパーク推進協議会）

八峰白神ジオパーク

ユネスコの世界自然遺産でもある白神山地は、その西側で直接日本海に接している。ここでは荒海に削られた古い地層を連続して見ることができ、日本ジオパーク委員会は、ここを日本ジオパークと認定した。テーマは「白神山地の恵みに生きる」で、八森椿海岸には柱状節理群があり、八峰町では六段におよぶ海岸段丘が見られる。峰浜地区の砂丘には二層の腐植土層が確認でき、飛砂が休止した時期が二回あって、休止期にはここが水田だった可能性もあるという。また、白神山地の伏流水は八森海岸の海底から湧き出し、岩カキやアワビ、サザエなど豊かな海の恵みをもたらしている。

八峰町八森椿海岸の柱状節理（写真提供＝八峰町産業振興課ジオパーク推進係）

ゆざわジオパーク

ゆざわジオパークのテーマは「大地が創り育てた美の郷ゆざわ」で、一六のジオサイトから構成される。現在の東北地方が海底から隆起したころは火山活動が非常に活発で、院内地区はそのときにできた大規模なカルデラだ。このときの火山活動で院内石や院内銀山が生まれ、秋の宮や小安郷に温泉が湧き、高松地区では地下深くの熱を利用した地熱発電所が稼働している。また、皆瀬地区には高原台地に囲まれた苔沼の湿原植物群落もある。湯沢市は世界有数の豪雪地帯で、雪は人々に水の恵みをもたらして三関のセリを育み、両関や爛漫などおいしい日本酒を生み出した。

川原毛硫黄山（写真提供＝湯沢市ジオパーク推進協議会）

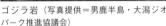

第四章 天保飢饉と海岸警備

天保飢饉は藩政史上最大の一揆を引き起こし、沿岸には異国船も姿を現す。

弥高神社

1 異国船対策と松前稼ぎ

文政八年（一八二五）の異国船打払令により秋田藩は南北に長大な海岸線で外国船の出没に神経を尖らせる。北海道への漁業出稼ぎを全面的に禁じてきた藩が、郡奉行による認可制へと方針を転換。農民たちの中には参詣にこと寄せ目前の困窮から逃げ出そうとする者もいた。

異国船打払令

所預・重臣層に限らず地方知行制により家臣一同が農村を強く支配した秋田藩において、藩庁が主導して領内一円にわたる農政改革を推し進めるには藩主の強力なリーダーシップが必要だった。それゆえ、義厚の政治は父義和の延長線上にあって、さらなる発展を見せることはなかった。

実はそれにもまして秋田藩の経済振興策に大きな影を落としたのが北方からの脅威だった。開国・通商を求めて長崎に来航したロシア使節レザノフが、要求を拒否されて帰国する途中、文化三年（一八〇六）から翌年にかけ部下たちが樺太南部と択捉島にあった日本側の番屋を襲撃したのがことの発端だった。これは決してロシア本国からの指令に基づく攻撃ではなかったが、ロシアの軍事侵攻をおそれた幕府は、松前氏を福島県伊達市梁川《やながわ》に移封させて蝦夷地全島を幕府直轄とし、東北諸藩に蝦夷地警備を命じて軍事出動させることにした。指令を受けた秋田藩が文化四年五月、速やかに出動し箱館七重浜に陣を張って警備の任に就いたことは前述した通りである。

この襲撃事件はレザノフ部下の暴発行動だったから、幸いこれ以上の衝突には至らなかった。同年七月には秋田藩の出張警備命令も解除され、越年することなく全員が帰藩している。しかし、全島を直轄化した幕府に蝦夷地の沿岸をくまなく警備する能力はなく、幕府は東北諸藩に箱館奉行を改称した松前奉行より出動要請があり次第、即座に対応できるよう出動準備命令を出していた。義厚は文化十二年、四歳にして父の遺領を相続した年に幕府老中より「先公の如く」松前にことあるときには即座に援兵を出すよう申し付けられている。義和時代には蝦夷地派兵を念頭に置いた軍事訓練が繰り返し実施されていたが、同十四年九月には、幼君義厚不在のまま城下西方、藤森において大番頭梅津図書《ずしょ》・大越十郎《おおこしじゅうろう》両名を大将に総勢五一〇名による大規模な軍事訓練を実施している。このときは、藩主に代わり家老が訓練を閲兵している。

秋田藩の松前援兵義務は、文政四年（一八二一）、幕府が蝦夷地直轄をやめ、松前氏が蝦夷地に復封するまで続き、同年十二月、正式に解除命令が伝えられた。ところが、その四年後の文政八年二月、初の帰国を二カ月後に控えた義厚のもと

ロシア使節レザノフ来航絵巻
（東京大学史料編纂所蔵）

に異国船打払令が伝えられる。文化五年（一八〇八）、イギリスの軍艦フェートン号がオランダ船を追って長崎に侵入し、出島の商館員を連れ去る事件が起きて以降、外国船の出没が相次ぎ、薪水食料を求めて上陸したり、年貢米や商人米を輸送する廻船から米穀を奪い取る事件が頻発するようになっていた。

そこで幕府は、全国に指令して外国船を見つけたなら迷うことなく追い払えと命じたのである。これを無二念打払令ともいう。これにより秋田藩は、蝦夷地に侵攻してくる敵に応戦しなければならないそれまでの軍事的緊張から解放された代わりに、今度は南北に長大な自領の海岸線に絶えず緊張を強いられることになった。この海岸警備が、これから先、幕末期を通して秋田藩に重い課題としてのしかかる。

松前稼ぎの公認

一方で、文化四年の箱館出兵以降、幕府から松前援兵を課せられ、秋田藩首脳たちの蝦夷地を見る目が変わってきた。軍事の備えから箱館、蝦夷地全島に関わる情報を収集、分析する必要に迫られ、結果として北方世界が単に米の取れない荒れた大地ではなく、そこは海産資源の宝庫で、しかもそれは全国経済の中で重要な役割を果たしていることを理解する。北海道産の魚肥《ぎょひ》★は千葉房総産の干鰯《ほしか》★と

▼魚肥
鰯や鰊から作った肥料。大坂近郊の綿作地帯から使用が始まり、江戸時代後半には全国に普及した。

▼干鰯
鰯を煮て天日で干し、固めた肥料。

フェートン号
（長崎歴史文化博物館蔵）

共に上方肥料市場の双璧をなし、昆布と俵物とよばれる干鮑《ほしあわび》・鱶鰭《ふかひれ》・煎海鼠《いりこ》など三品目は長崎貿易の重要な輸出品だった。だが、その生産と流通は場所請負制のもと中央の資本が独占するところで、秋田藩や秋田の地元商人が入り込む余地はなかった。しかし、漁業生産の現場では、絶えず労働力が不足する状況にあったから、そこに北日本沿岸部の人びとが活躍するチャンスがあった。

秋田藩領でも男鹿から能代・八森に至る北方海岸部の漁民たちは、藩の度重なる禁止令にもかかわらず蝦夷地への出稼ぎを繰り返していた。藩は領民の他領稼ぎを禁じ、藩の穀倉地帯である仙北・平鹿地方へ農家奉公に出向くよう奨励していた。

ところが、天保二年（一八三一）二月、藩はその方針を大転換する。田畑の少ない沿岸部で漁業で生計を立てる者たちに、田畑の稼ぎは馴染まないだろうと認め、郡奉行に願い出て許しを得たならば松前稼ぎを許可するとして、それまでの禁止令を一転したのである。これは、寛政七年（一七九五）の改革で再設置された郡奉行による農村支配がその成果を上げたことの表れだった。むやみに禁止するのではなく、出稼ぎ者を掌握した上でそれを統制することができるようになったのである。

これにより、蝦夷地と秋田領を繋ぐ民間レベルの交流が一層緊密となり、強い結び付きが生まれる。漁業出稼ぎの労働市場は、そこに生活必需品を必要とする

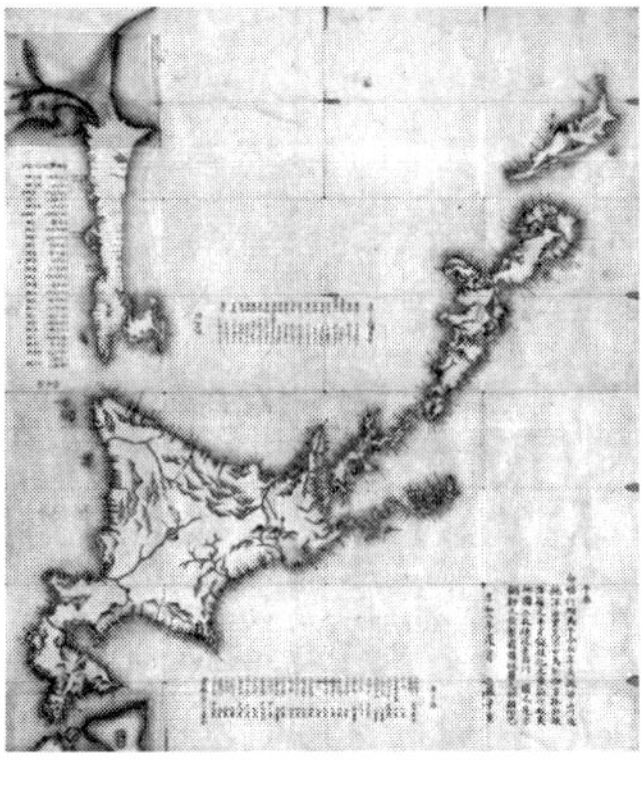

「蝦夷地図式　乾」
（函館市中央図書館蔵）

地域市場を生み出す。するとそれは、上方資本の大型船ではないふたり乗り、三人乗りの小船を用いて頻繁な往復を繰り返す地域間交流をこれまで以上に活発化させた。そしてこれらの小船が、このあと秋田藩が蝦夷地警備の任を全うする際に、国許から食料・装備品を補給する輸送手段として大いに活躍するのだった。

他領出稼ぎの禁止令

天保二年（一八三一）、秋田藩が松前稼ぎを公認したのは、決して首脳部の解明性や先見性からのみ実現されたのではなかった。前年の十二月、文政十三年（一八三〇）は改元されて天保元年となるが、その年の作柄は芳しくなく、領内の米価は異常な高値を付けていた。藩は財政を維持するため作柄に関係なく上方への廻米量を確保したから、自ずと可処分米は減り米の値段が高騰したのだった。その影響を真っ先に受けたのが、飯米を買って暮らす城下町の奉公人や港町の港湾労働者たちだった。彼ら労働者たちは給銭の引き上げを求めなければ生活が苦しくなるばかりだった。そこで藩は、先手を打って天保二年二月、若党や草履取り、女中など武家奉公人たちの給銭を公定し、労賃の上昇を阻むと共に直前の正月には、蔵米取の下級藩士に対してその年一年分の扶持米を二月に一括して前渡しすると約束し不安の解消に努めている。

「江差檜山屏風」
（函館市中央図書館蔵）

仙北・平鹿の穀倉地帯でも余剰米が減り、村での生活に窮する者が出始めていた。その者たちに考えられるのは、他領へ出稼ぎに行くことだった。それは、詳しい情報もないまま、とにかく目前の困窮から逃げ出そうとする心情だった。しかし、それを正面から願い出ても、藩が通行手形の発行を認めるはずもない。困窮者たちは伊勢参詣など信仰の旅に出たいと理由を付けて出国を願い出た。だがそれは、農村の労働力不足をもたらし結果として将来的な耕作放棄地の増大に繋がったから、藩としても許せる話ではなかった。

藩は松前稼ぎの者以外、たとえひとりたりとも他領稼ぎの出国を許してはならぬと郡奉行に訓令している。なぜ松前稼ぎは許されたのか。それは、穀倉地帯が凶作で藩領北部の困窮者たちを農家奉公人として受け入れるだけの余力をなくしていたからだった。一方、米作にとらわれない蝦夷地の漁業には確実な稼ぎの見込みがあった。江戸時代、北日本社会が凶作に見舞われたとき、沿岸部の人びとが食と稼ぎを求めて蝦夷地に向かったのは、下北や津軽に限らず秋田地方にも共通して見られる動きだった。

②天保飢饉と大一揆

騒動は土崎湊で働く港湾労働者たちの米不足への不安と不信から始まった。

都市部への食糧配給策が村方米の安値買い上げに繋がり、農民たちの怒りを買う。

一揆は単なる暴徒ではなく、農民の生業を否定する改革政治の本質に反対するものだった。

湊騒擾

天保四年（一八三三）、この年の異常気象は尋常ではなかった。旧暦五月中旬にかけて雨が降らず旱魃と思いきや、六月には一転して長雨が続いて洪水となり、七月には早霜が降り、八月には霰が降ったばかりか暴風が吹いて稲が倒れてしまった。

ここで土崎湊に騒擾《そうじょう》が勃発する。この年の七月には、飯米を買って暮らす湊町の奉公人や港湾で働く仲仕たちが不安を募らせ、本当に米がないのかと町内を探し回っていた。そうしたところ、土崎湊には一万俵の米があることがわかった。藩はこれを急遽買い上げ、不安がる下層民に払い下げて不安を払拭しなければならなかった。この買い上げは代金後払いの手形決済で、実は支払い目処がないままの買い上げだった。

そうした事件のあった一カ月後、不思議な合図があった。今の暦にして九月の下旬、例年と比べても仙北・平鹿の作米が雄物川を下ってくるには早すぎる下り船の合図で、誰もが不思議に思った。これは、荷役に当たる仲仕たちを呼び寄せるための合図だった。彼らの仕事は川船が積《つ》み下《くだ》してきた年貢米や商人米を湊の米蔵に荷揚げしたり、逆にその蔵から廻船に積み込んだりする作業で、彼らは湊町で米がどこにあるのか、保管場所を知っており、町全体の米の在庫状況についてもある程度は見当が付いていた。それゆえ、米の高値がいつまでも続くのは、誰か悪辣な商人が米を不当に隠し、その者たちが小出しに米を売り出して米価をつり上げているのではないか、そんな疑念を持っていた。

そこで、仲仕仲間が手分けして湊町に残る在り米を調べようという計画が持ち上がり、雄物川の下り船が来たぞと合図を送り、土崎湊の仲仕たちを浜に結集させたのである。しかし浜に出てみると下り船はなく、役人たちも出張ってきたので、計画を知らない仲仕たちは浜から引きあげていった。それを見た仲仕のリーダーは、今度は浜の反対側、湊町の東方で畑地の広がる一帯に仲仕たちを移動させた。そこは、今の嶺梅院などがある辺りで、町方から離れた郡奉行が支配する土地だった。

このとき、仲仕の頭目たちは、土崎には町奉行配下の役人と勘定方の役人が常

「秋田街道絵巻」（秋田市蔵）

勤する反面、郡奉行配下の役人が手薄なのはよく知っていたから、浜に集まった仲仕たちを警備の緩い郡奉行の所管地に移動させたものと見られる。そこに集まった仲仕たちは総勢五〇〇人とも八〇〇人とも伝えられる。この騒ぎを聞いて駆け付けた役人は、町庄屋と町奉行配下の役人たちだったが、所管違いのこの場所で、いきなりの強権は発動できず、まずは仲仕たちの要求を聞いて、その願いを藩の上層部に取り次ごうとなだめ、仲仕たちに穏やかに解散するよう促した。

しかし、一同は結束し、集団行動を開始する。その向かった先は、湊町で米を持っていそうな酒造業者や米商人、そして搗き米屋などだった。彼らは、乱暴を振る舞う素振りもなく整然と手分けして進み、目的の屋敷に着くと、まずは米の無心をして、それが断られると今度は米蔵を開けるよう要求した。しかしそれは米を強奪するような狼藉をたくらむものではなく、どれほどの米があるのか正確な在庫状況を調べようとするものだった。それは極めて統率の取れた行動だった。そして、その夜にはあらかた調査を終え、町全体でさらに四万俵ほどの米があることを確認した。そのあと集団は湊神明社に結集し、藩役人の説得を聞き入れて解散した。

仲仕たちの企てたわずか一日限りのこの湊騒擾は、都市下層民の不安を払拭し、不満を解消するのに十分だった。後日、仲仕の頭目四名が逮捕され、月番の町奉行江間郡兵衛が罷免されてこの一件は落着した。

「土崎湊絵図」（文化年間）
（秋田県公文書館蔵）

家口米仕法

この湊騒擾が引き金となって翌年早々には秋田藩政史上最大規模となる天保一揆が惹起される。天保四年（一八三三）の旧暦九月は、現在の十月に当たり、作況検分をしたところ、紛れもなく大凶作となることがわかった。この場に当たり、藩主義厚は、在々の小百姓に至るまで領民ひとりたりとも餓死させたなら先代より受け継いだ本志が立たず、隣国への恥辱でもあるので、たとえ家宝を手放してでも領民を救済するよう心を込めて家老に諭している。

この年五月、藩主義厚が帰国していたことは秋田藩にとって幸いだった。義厚は担当の家老を更迭し、勘定奉行を上方に派遣して他領米を買い付けるよう命じている。しかし、ときすでに遅く、その米を積んだ船が日本海に向かうころには海が荒れて航行できず、年内の秋田廻着は無理な状況となっていた。そこで採用されたのが、家口米仕法とよばれる救済措置だった。

藩はまず、湊町と久保田城下の町人町を対象に家ごとの人口を調べ、大人にはひとり飯米一日三合、十歳以下の子供には半分の一合五勺ずつを支給すると約束した。そして次に、これを領内全域に及ぼすとして、領内の人口調査に乗り出した。それによりこの救済に必要な飯米量が算出されると、藩は農家に蓄えられた

「天保飢饉の惨状」
（秋田県立博物館蔵）

余剰米に目を付け、それを公定相場で買い上げて救済米に当てる方針を打ち出した。しかし、その相場は安く、九月後半になってもこの供出に応じる農家は一軒もなかった。

そこで十二月、藩は勘定奉行の金秀興に郡奉行を兼務させ藩領南部三郡を一括管理させると共に、同じく勘定奉行の大縄新左衛門も郡奉行兼帯として北部三郡を所管させる特別体制を組んだ。非常時に当たり、郡奉行をふたりにして両名に強い権限を与え事態を乗り切ろうとしたのだった。藩は、彼ら両名の下で働く郡方吟味役や見廻役などを総入れ替えして、飯米の強制買い上げに乗り出した。しかし、目標とする飯米量には達しなかったし、供出に応じた農家には不満だけが残った。だがそれでも、義厚は彼ら諸役人の労をねぎらい、金には佐竹の家紋の入った時服を下賜してその功を賞している。

傘連判状に見る一揆結合

藩庁の首脳部は久保田城下にあって在方農村の現実を正しく把握できていなかった。天保四年（一八三三）十月、角館町の北方に位置する山谷川崎村では、村人が傘連判状を作って結束している。これは、大きめの円を単線で描き、その円の外側に各戸の家主が順番に署名、捺印したもので、円の内部と外側には全十カ条にわたる村の取り決めが記されている。それは、村の田地が借金の質に取られ、田畑が金主の手に渡ってしまう事態を村人全員の団結で食い止めようとする内容だった。たとえば、借金の返済には五十カ年賦方式を要求するなど、貸借関係の棄捐《きえん》を求めるものだった。

これにより山谷川崎村の村人たちが土地を担保にした借金の返済に苦しんでいた様子がわかる。その金主は、角館町の商人や地主となった一部の村役人たちで、このときは飯米の強制買い付けにやってきた藩役人の手先となって買い付けの実務に当たっていたと見られる。村人にとってそれは、金主から借金を取り立てられる姿に重なって見えた。しかし、個人の力では到底太刀打ちできなかったから、村人全員でこれに立ち向かおうと団結したのである。署名を円形にしたのは、後の追及をおそれて首謀者をわからなくするためだけでなく、村人全員が平等な立場でこの結合に参加するという意識を形にして表すためだったと考えられる。

この山谷川崎村に見られるような土地の質入れと、借金返済にあえぐ村人の姿は、程度の差こそあれ秋田領農村のどこにでも見られる状況だった。藩はそうした農民を救済するどころか、余剰米があるはずだと決め付け、それを安値で供出させようとしたのである。

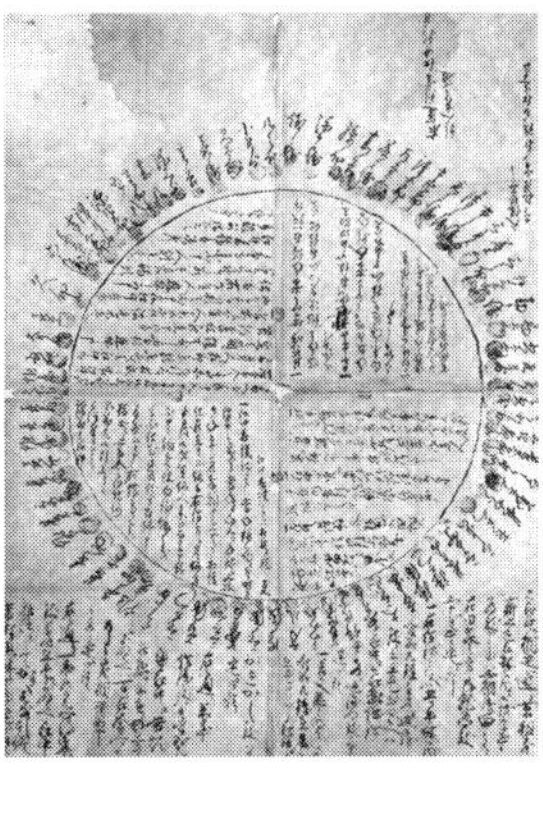

傘連判状
(秋田県立博物館蔵)

北浦一揆

年が明けて天保五年（一八三四）正月二十六日、仙北郡長野村の役屋に近隣四三カ村から膨大な数の農民が集まってきた。その数は四〇〇〇人とも五〇〇〇人とも伝えられる。長野役屋は現在の大仙市中仙にあって、この方面には他に角館町岩瀬や六郷町にも役屋があって、このとき郡奉行の金は六郷役屋に詰めていた。農民たちは金品・米穀を強奪することも放火の悪事を働くこともなく、生活の維持を求めて郡奉行に訴願するために集まってきたのだった。

その願いとは、村内の困窮者から飯米を供出させるのを止め、逆にその者たちには安米を配給するよう求めたもので、家口米仕法の適正な運用に努めてほしいと要求するものだった。そして同時に、親郷肝煎の不正を糺してほしいとも訴えている。藩は郡奉行―親郷肝煎―村肝煎という支配組織を利用して飯米を強制的に買い付けようとしたが、農民たちはその実務担当者である親郷肝煎に攻撃の矛先を向けたのだった。彼らこそが地主化の道を歩む者たちで、自作農を没落させ、大半の村人に生活苦をもたらす元凶だと村人は見抜いていた。

郡奉行の金が長野役屋にいないことを知った集団は、自分たちの願いを藩庁に直接訴えようと久保田に向けて移動を開始した。農民集団が金のいる六郷役屋で

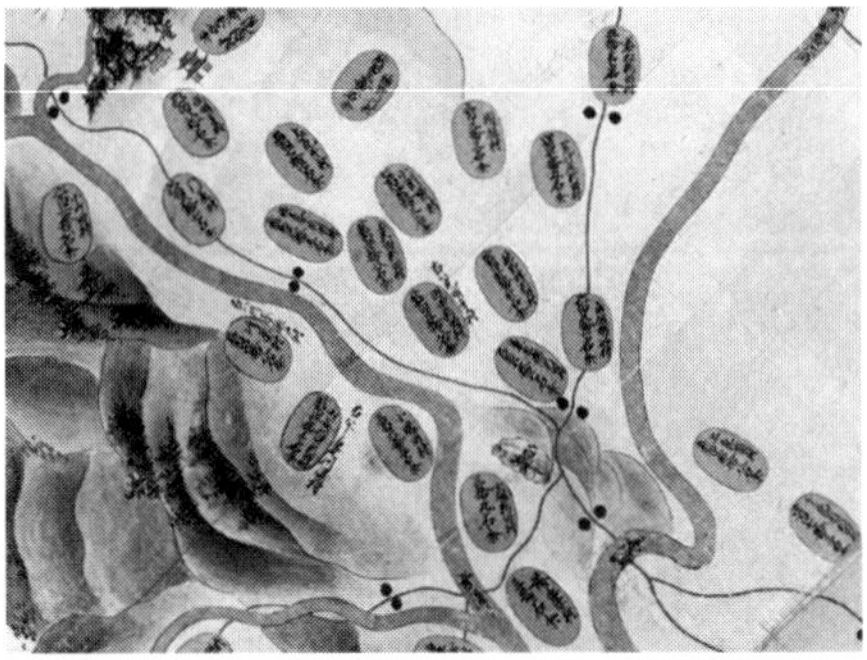

「元禄国絵図」角館近傍
（秋田県公文書館蔵）

はなく久保田城下を目指したことは、今回の家口米仕法が藩庁首脳部の強い指示に基づくもので、郡奉行に談判しても埒が明かないことを知っていたからだった。

この知らせを聞いた金は、配下の者をいち早く神宮寺の玉川渡船場に走らせて渡し綱を切らせ、一行が玉川を渡れないようにした。そして金は、長野役屋に集団を呼び戻し自ら解散を説得した。金は、農民たちの要求を容れて家口米仕法の適正化を約束したので、集団側も徒党を組んだことを詫び、解散し、村々へと帰っていった。角館町の南西方に位置した村人たちのこの集団行動は、当時その地域を前北浦地方といったことから前北浦一揆と呼んでいる。この一揆では農民が処罰されることもなく、金がその責めを負って職を解かれることもなかった。

この余韻も去らぬ二月十八日、今度は角館町の北方、奥北浦地方の農民たちが騒ぎを起こす。それは、飯米の強制買い付けがおこなわれているこのときに、大覚野峠を越えて阿仁銅山への廻米が繰り返しおこなわれていたからだった。阿仁銅山は長崎輸出銅の大半を担うと共に幕府に貨幣原料を提供しており、秋田藩にとっては藩財政を支える大切な鉱山だった。藩はこれを維持するため、その鉱山労働者の飯米を仙北地方に求め、陸路駄送させる方策を取っていた。

しかし、この年は非常な凶作のため、郡奉行金秀興の建議に基づいて藩は幕府の許可を得て鉱山の操業を一時的に停止させていた。それゆえ、藩としての阿仁廻米は中断していたはずだが、実際には米が送り付けられていた。それは、鉱山

白雲筆「奥州街道並久保田藩内沿道風景写生帖」より「神宮寺舟渡図」（秋田県立近代美術館蔵）

が休業しても阿仁町には鉱山労働者により大きな米市場が形成されていたから、そこに目を付けた仙北の米商人たちが販売を目的に送り続けていたのだった。

これを知った農民たちが、その米を取り押さえようと立ち上がった。発端は角館町の西方に位置した西長野村の農民たちで、近隣の村人に参加を呼び掛けながら、阿仁廻米を取り扱う西明寺村の九右衛門宅を目指した。奥北浦一揆の始まりである。今度の一揆は一カ月前とは違っていた。前北浦一揆は、村の指導的立場にあった者が、村内の困窮者を救うため藩役人に掛け合うという構図だったが、今回は困窮する当事者が直接、米を求めて動き出したのである。家々を廻って一軒からひとりずつの参加を求め、応じない家には火を放ち危害を加える、と脅してまで参加を強要しているのも大きな違いだった。

九右衛門宅に着くと、彼らは昼飯をねだって米を炊かせ、夕刻にも再び大釜で飯の炊き出しをさせ、蓄えてある米をみな食い潰すという作戦に出た。一揆勢は、その後も米商人に加担する豪農宅に押し寄せては同様の食い潰しを繰り返し、参加者は次第に膨れあがり数千人に及んだという。そして、二月二十日、一揆勢は檜木内《ひのきない》川を西に渡って角館町を迂回し、町の西南方、雲然《くもしかり》村に来た。ここでついにその親郷肝煎久吉の屋敷を襲い、打ち壊しを掛けた。それまでの炊き出し要求から、打ち壊しへと事態は大きく転換した。

ここに至り角館北家の当主佐竹義術《よしやす》が乗り出した。それは武力によって鎮圧を図るのではなく、穏便に言い聞かせて一揆勢に帰村を促すためだった。それまで藩役人の説得には聞く耳を持たなかった一揆勢だったが、義術の説諭には素直に応じ、一揆勢は解散した。それは北家の当主を殿様と慕う農民たちの恩頼関係が働いたからだった。

一揆勢の要求

このとき、一揆勢は自分たちの真の要求を文書に認め藩に提出している。それによれば、この一揆は、村人の困苦を顧みずに暴利をむさぼる米商人を懲らしめた単なる暴動ではなかったことが明らかとなる。

農民たちは何よりも郡奉行の制度を止めて元の体制に戻してほしいと訴え、具体的には、馬役銭・野山役・木山方・養蚕方・備籾の制などを廃止するよう求めている。これらはみな寛政改革の殖産政策を真っ向から否定する内容だった。秋田藩の寛政改革は主穀生産を大前提とし、それに影響を与えない範囲で畑地や山草地から商品価値のある産物をひねり出そうとするものだった。その最大の成功例が養蚕業で、加えて杉や漆を植林したり、馬の飼育を奨励したりした。

これらの生産現場は、中山間地の里山が広がる地域だった。そこに暮らす人びとは、田地が少なく米には恵まれなかった反面、豊かな森の恵みがあって、それ

馬屋を伴う曲家、草彅家住宅
(写真提供：仙北市教育委員会)

により生活を成り立たせていた。馬を飼うのに十分な秣場があり、薪を売れば現金収入になったし、焼畑の慣行もあった。そこに藩が改革で推し進めた殖産政策は、桑や杉・漆を植え付けさせ、その成果を安値で強制的に買い上げては藩の蔵物として領外に売り出すという典型的な藩営専売制だった。秋田藩の馬産は農民に子馬を飼育させ、その期間は自由な使役を認めつつも、成長した馬を売り払った際には、代金の大半を馬役銭として藩に上納させるというものだった。

こうした藩営専売制を推進したのが、郡奉行が農村を直接支配する寛政改革だった。そしてこの専売制を実現する資金源となり、集荷や輸送の実務面を担ったのが村役人で地主化した在方商人たちだった。奥北浦地方の村人たちは、こうした藩の経済政策の影響をもろに受け、没落の危機にあった。それに加え、秋田藩は飢饉に備えた備荒貯穀として年貢とは別に籾米を供出させた。籾米は毎年入れ替えるのが原則で、田の少ない里山地帯にとってこの制度は年貢負担を重くした苛政以外の何ものでもなかった。

藩は一揆の首謀者を捕らえ入牢させたが厳罰は課さず、金の勘定奉行と郡奉行の職を諭旨免職として、この騒動を収束させている。春の到来と共に兼ねて手配していた飯米が、上方方面から土崎湊に廻着し、食糧不安が解消すると前年来の社会不安も鎮まった。そしてこの三年後には、捕らえられた入牢者も釈放され、金も何事もなかったかのように勘定奉行に復帰している。

③ 秋田藩の海岸警備

薪水給与令は異国船対策をかえって難しくさせた。ついに男鹿の沖合に異国船が姿を現し、秋田藩は足軽鉄砲隊を出動させる。藩は台場を建設し新規取り立ての武士を移住させて担当させるが、肝心の大砲が間に合わない。

天保の薪水給与令

『海国兵談《かいこくへいだん》』を著して江戸の日本橋は海を介して中国やオランダまで繋がっていて遮るものは何もないと喝破し、海防の強化を訴えたのは林子平《はやししへい》★だった。寛政三年（一七九一）、これは幕府老中松平定信の寛政改革により発禁処分となる。しかし、子平のこの書が起点となって幕府も藩も海岸防備への意識を高めていく。そして段々と、人びとはオランダだけではないその他にも西洋の国々があることを知るようになっていく。

文政八年（一八二五）、幕府は異国船打払令を出して外国船への警戒を強めると、天保八年（一八三七）、通商を求めて日本人漂流民を乗せて浦賀にやってきたアメリカ商船モリソン号を砲撃して退去させた。それに続いて薩摩藩でも同様にこれ

▼林子平
一七三八—一七九三。仙台藩士。禄を返上して全国を旅し、長崎や江戸で学ぶ。世を経（おさ）め民を済（すく）う経世済民の説を唱え、対外関係ではロシアの脅威を訴えた。

を撃退したため、この事件は逆にオランダ商館長から江戸に伝えられて噂となり、そのあまりな強硬策に批判の声が上がる。洋学者で田原藩の家老渡辺《わたなべ》崋山《かざん》は『慎機論』を著し、同じ蘭学者仲間の医師高野《たかの》長英《ちょうえい》は『夢物語』を書いて幕政を批判した。そのため彼らは捕らえられ自殺に追い込まれている。

　両名ともモリソン号をイギリス船と思い込むなど、彼らの知識は必ずしも正確でないところもあった。しかし、彼らが言う通り、異国船をためらうことなく撃退せよとする幕府の方針は、決して適切な方策ではなかったことがやがて明らかとなる。アヘン戦争で中国清朝とイギリスが戦争となり、清がイギリス軍に敗れたのだった。オランダ商館長を通してこの知らせを受けた幕府は、それまでの強硬策を緩和し、天保十三年、薪水給与令に切り替える。

　しかしこれは、異国船が燃料や水・食料を求めたならば、まずはそれに応じ、その上で穏やかに退去させよとするもので、決して上陸させてはならぬ、まして通商交渉のことなど論外という基本方針は従来と全く変わらなかった。もし仮に、説得にもかかわらず異国船が乱暴に及び、薪水を給与しても立ち退かない場合には速やかに打ち払え、とも明記している。この給与令では何よりも諸藩に臨機の対応が大事だと説き、それでいながら防備の方策に関しては後日通達するとして幕府は何ら具体策を示さなかった。

　この指令を受けた諸藩は、海岸防備の緩和令を歓迎するどころか、むしろ対応

渡辺崋山
（田原市博物館蔵）

モリソン号

が難しくなったと感じたに違いない。異国船が近付いてきたなら迷うことなく打ち払えばよかったそれまでと違い、まずは応対して話を聞き、穏便な退去を求め、それでも帰帆に応じない場合には武力をもって追い払えと命じられても、相手がどのような態度に出るかも予測が付かず、臨機応変の措置など取れるのだろうか。第一、言葉も通じないだろうし、具体的な防衛策が示されないのだから、あらかじめどのような装備強化を図ればよいか見当も付かなかった。

弘化三年(一八四六)閏五月、ペリーに先立つこと七年、アメリカ東インド艦隊司令長官ビッドルが、開国を求めて浦賀に来航した。オランダ商館長よりの情報で彼が来ることを事前に知っていた幕府の浦賀奉行は、従来の方針に沿ってビッドルの上陸を許さず、外交交渉はすべて長崎でおこなうと伝え退去させている。このときビッドルが率いた軍艦二隻は帆船で、戦艦とはいえその形から日本側が脅威を感じることはなかった。また、ビッドルはアメリカへの不信感を持たれぬよう日本側に敵意を示してはならぬと指示されていたから、浦賀奉行の求めに応じて速やかに退去したため大きな事件とはならなかった。

男鹿半島沖に異国船発見

弘化三年(一八四六)九月、江戸で死去した十代藩主佐竹義厚は、こうした幕府の対応例をつぶさに見ていた。そして、家老たちもまた、そうした情報をみな共有していた。そのひとり、次の藩主義睦《よしちか》の傅育係となって江戸に詰めた家老佐藤信久《のぶひさ》も、外圧の危機が近付いていることを肌で感じていた。彼は、天保五年（一八三四）に寺社奉行から家老に昇任し、病気により一時職を辞したが、そのあと復職して長く家老を務めていた。

嘉永元年（一八四八）四月、藩領北部の岩館《いわだて》海岸と男鹿半島の戸賀《とが》沖で異国船を発見したとの知らせが藩庁に届く。このとき、藩主義睦はまだ幼く帰国を許されず、国許では翌年に幕府国目付の下向を待ちつつ、宇都宮孟綱《たけつな》を筆頭に塩谷紀《のり》継《つぐ》・石塚義貞《よしさだ》ら三名の家老が指揮を執っていた。異国船は和船と比べて規模が大きく、帆柱が三本ある点が大きな特徴で、和船と違い海岸からかなり離れた沖合を航行した。しかし、このころになると日本海の長距離航路につく日本の廻船の中には、主軸の帆とは別に補助帆を張るものも現れ、航行技術も進展して目的地に向かって沖合を直行するものもあり、異国船と見間違えることもあった。

秋田藩は急ぎ物頭に鉄砲足軽などを率いて出動させ、しばらくの間、男鹿に駐留させて警戒に当たらせた。そして、領民には今後必要に応じて追加の軍勢を派遣すると通達して動揺を抑えようとしている。このとき、秋田藩が用いた鉄砲はいうまでもなく戦国時代以来の火縄銃だった。

この緊迫した様子を家老の宇都宮は日記に克明に書き残している。それによれ

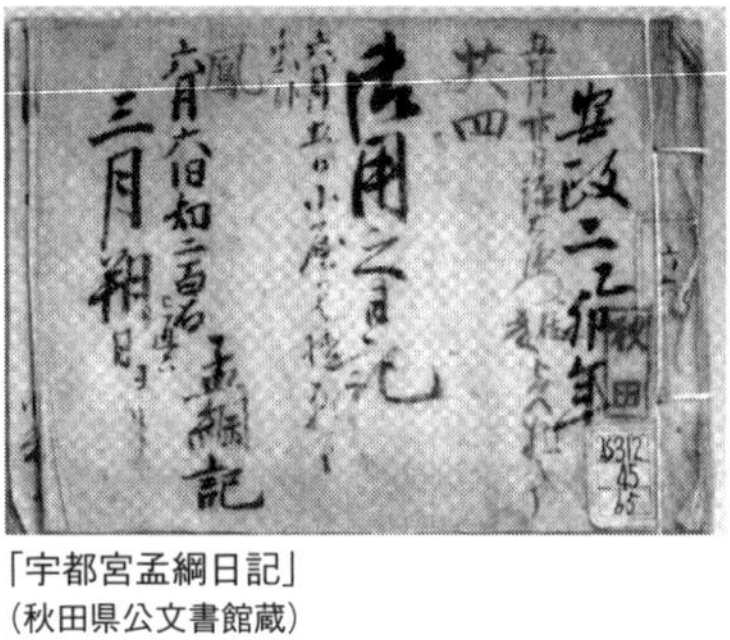

「宇都宮孟綱日記」
（秋田県公文書館蔵）

ば、まず第一報は土崎湊に入港した廻船の船頭からだった。それは越前《えちぜん》三国《みくに》湊《みなと》（福井県）の船で、庄内の飛島沖を北上してきたところ、その沖合三里（約一二キロメートル）ほどのところに異国船二艘が停泊しているのを見たという。そして、どこの船かはわからないが、大きさは六千石積くらいではないかという。それは、当時日本海を航行した大型の廻船に比べその五、六倍もある巨大な船だった。四月二十二日、土崎湊の役人を通してこれを知った家老たちは、この年は津軽から松前の沖合で何回も異国船を目撃したとの弘前藩からの情報を受けていたから、ある程度の心積もりはできていた。

足軽鉄砲隊の出動

秋田藩には、物頭に任じられた武士が足軽を指揮して通常警備に当たる勤番の仕組みがあった。たとえば現在、千秋公園の二の丸から階段を上って本丸に入る表門のすぐ下に残る御物頭《おものがしら》御番所《ごばんしょ》は、物頭が配下の足軽を従えて二日ずつ交代制で表門を警備するための詰所だった。男鹿に出動した組はその拡大版で、物頭ひとりが鉄砲足軽三〇人を指揮し、鉄砲足軽六人にひとりの割合で計五名の武士が与力として付き添い、物頭を補佐した。さらに、大筒役三名も帯同した。大筒は文字通り弾丸の通る銃身が鉄砲の筒よりも大きなもので、砲弾の大きさにより

御物頭御番所

色々な規模があったが、いずれも携行可能でひとりで操作できる火器だった。

この出動体制はあらかじめ決められており、関係者にはいつでも出動できるよう準備命令が下されていたのだが、実際には与力ふたりが間に合わず三人しか出動できず、大筒の出動も命令系統が混乱し、一日遅れての発令だった。したがって男鹿での宿営地設営も間に合わず、男鹿市北浦の真山《しんざん》神社の別当寺であった光《こう》飯寺《ぼうじ》が仮の陣所に当てられた。混乱しつつも姿の見えない異国船に緊急対応した様子がうかがえる。

庄内藩より飛島にて異国船を発見した旨の知らせが届いたのは、秋田藩が念のため男鹿に鉄砲隊を出動させた翌日の二十三日だった。飛島は、酒田湊の西方沖合にあって、庄内藩酒井氏の支配するところだった。さらに、藩領北部、岩館海岸椿村の船見番所から一昨日の二十一日、昼の二時ごろ、沖合約四キロメートルほどのところを異国船一艘が走り去ったとの知らせが届く。予測はしていたが、ついに秋田藩領沿岸にも異国船が姿を現したのだった。宇都宮はこのことを弘前・亀田・本荘・庄内の各藩にも急ぎ伝えるよう指示している。ここから、当時、沿岸諸藩が緊密に情報交換をおこなっていた様子がうかがえる。

一方、藩内措置としては、この時期には久保田常駐制だった能代奉行を能代に急行させ不測の事態に備えさせた。能代には鉄砲も大筒もすでに配備してあり、能代奉行が久保田から兵卒を引き連れることはなかった。もし、能代常備兵で足りない場合には、檜山に常住する武士と足軽に出動を要請するよう能代奉行に指令した。それと同時に宇都宮は、院内・湯沢・横手・角館・檜山・大館・十二所の七カ所を預かる城代・所預に対し、いつでも配下の武士と足軽を出動させられる準備をするよう命じた。そしてこの一連の措置を江戸の藩邸にも報告している。

さらに翌日以降、藩は遊撃隊たる機動部隊二隊の編制に着手する。そのできあがった部隊は、大番頭を隊長にして鉄砲足軽二五人、弓足軽一五人、鎗足軽二五人の合計六五人からなる足軽戦闘隊で、鉄砲組は物頭ふたり、弓と鎗組は各ひとりの物頭がそれぞれ指揮した。この遊軍には与力は配属せず、他に大番組頭が務める陣場奉行ひとりと大番士ひとりが担う旗奉行がいて、そこに全体の監視役として目付ひとりが付いて部隊を構成した。

藩はこの部隊を二隊組織し、一隊には北部岩館海岸を担当させ、もう一隊には男鹿半島南岸地域の警戒に当たらせようと計画し、それぞれの陣所をどこにするか検討を開始させた。また、先に男鹿真山の光飯寺に出陣した鉄砲隊には戸賀湾を見渡せる一ノ目潟に陣所を作って移動するよう指令した。これにより、当面は能代湊と男鹿半島突端の戸賀に鉄砲・大筒隊が張り付き、北部岩館方面と男鹿半島南岸地域の二カ所にはあらかじめ宿営地を決めておき、いざというときには遊撃軍がいつでも出動できる体制を構築したのだった。

そうしている内に五月一日、ついに異国船が男鹿に接近した。その日の朝八時

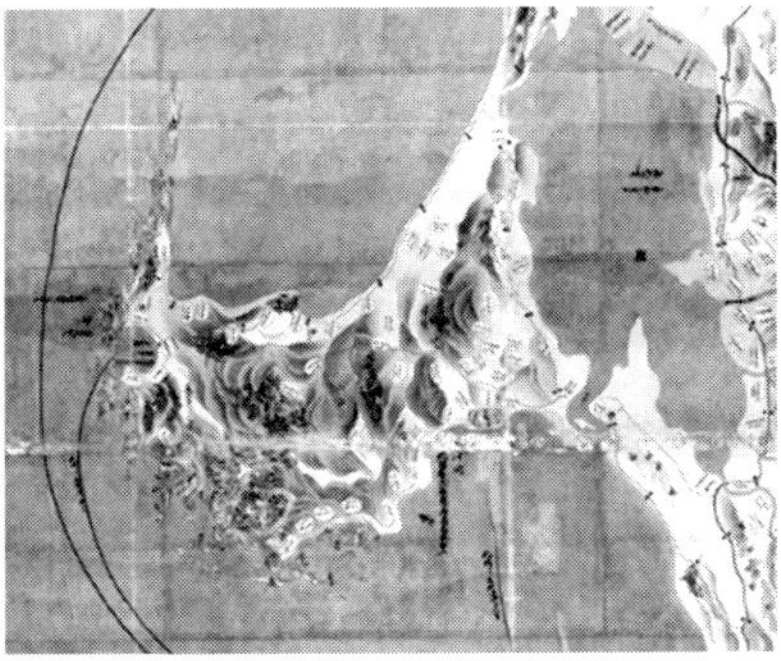

「元禄国絵図」より男鹿半島
（秋田県公文書館蔵）

ごろ、小浜村の沖合、塩見崎に四千石積ほどに見える異国船一艘が現れ、北方へ移動するのが見えた。またその日、男鹿本山永禅院の僧が日の出と共に薬師堂に上って祈禱を済ませ、七時ごろ、下山すると、遠方に見慣れぬ船影を発見する。遠眼鏡を使って注意深く監視してみると、三本帆柱の異国船だということがわかり、九時ごろにはそれが寺坊前八キロメートルほどまで近付いてきたため、寺では大騒ぎとなり、慌てて赤神山の大幟旗二流を立てて退散を祈願し、大鐘を撞き、半鐘を打ち鳴らし、螺貝を吹いて異国船を追い払おうとした。それが功を奏したかはわからないが、異国船は十一時ごろに西南西の方向に走り去ったという。報告を受けた藩庁では遊軍一隊に出動準備を命じたが、その後、異国船は姿を消して現れなかったので実際の出動はなかった。

台場の建設

秋田藩は幕府から臨機の対応を求められて不測の事態に備え、またあとになって対応の不備を糾弾されないためにも一隊を出動させない訳にはいかなかった。だが、海上を自在に航行し、長大な海岸線のどこに姿を現すかもわからない異国船に対し、久保田城下からの出動で間に合うのか。そもそも異国船が商船とは限らず、初めから上陸の意図を持った軍艦ならば、城下から出動してそれを阻止するのは困難だろう。そこで秋田藩は、次の対策を打ち出した。それは沿岸要所数カ所に海岸警備隊を常駐させ、そこに鉄砲よりも威力のある大砲を据え付けて守りを固めようとしたのである。

そのためにまず海岸部の測量が始まった。嘉永三年（一八五〇）九月、藩は境目奉行吉川忠行《きっかわただゆき》に命じて海岸部村落間の距離や沿岸の水深などを調べさせた。吉川は藩校明徳館の和学方で国学を教授した大友直枝《おおともなおえ》の門人で、直枝が退役した後は秋田藩国学の興隆に尽力した。国学は、仏教や儒教が伝来する以前の日本の古代社会を研究する学問で、吉川はこれを大成させた本居宣長《もとおりのりなが》の学統に連なる者だった。一方で吉川は西洋の学問にも通じ、特に測量術や西洋砲術に精通していた。まさに和魂洋才の人で、安政二年（一八五五）、秋田藩が幕府から海岸絵図の提出を求められると、即座にこれに応じ、その翌年には私塾惟神館《いしんかん》を開いて、国学の精神と西洋砲術とを広く門人に伝授した。

嘉永五年、家老の宇都宮は砲台の設置場所を決めるため、吉川の調査に基づいて海岸部を巡視し二年後の嘉永七年二月、その場所を決定する。前年の嘉永六年六月にはペリーが浦賀に来航し、翌年正月には再来して幕府に開国を迫るという大事件が起こっていた。嘉永七年は十一月に改元されて安政元年となるが、それはまさに幕末激動期の始まりだった。

秋田藩が決めた海岸警備の砲台設置場所は、能代北方の八森、男鹿半島北岸の

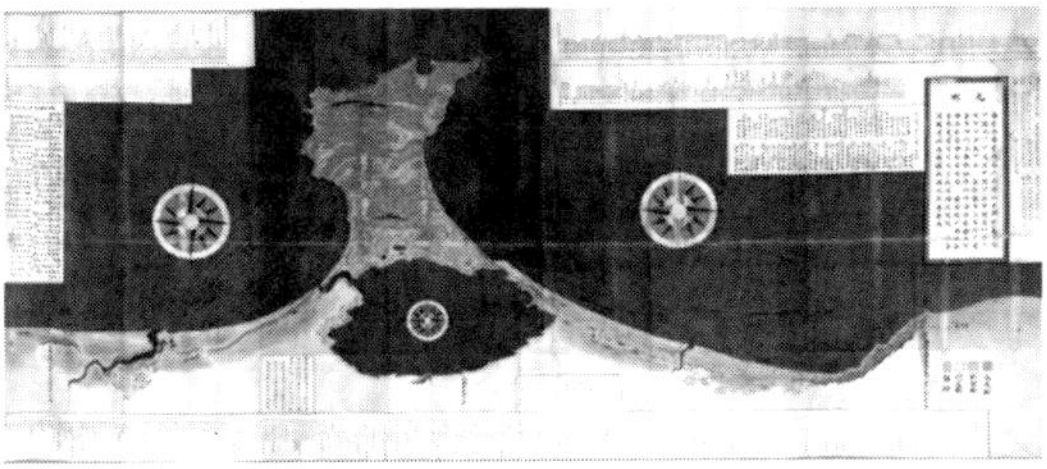

「海岸絵図」
（秋田県公文書館蔵）

北浦、同南岸の船越、城下近傍土崎湊、そしてその南方で由利海岸に続く新屋の五カ所だった。藩は砲台建設に取り掛かる前に、まずそこを守衛する兵員を決めなければならなかった。砲台の役割は、異国船の攻撃に備え、久保田城下から藩の正規部隊が到着するまでの間、敵兵の上陸を阻止することであり、そこで使用する武器はいうまでもなく大砲と鉄砲や大筒などの火器だった。だが、それを担当する者は従来の秋田藩軍制の中にはいなかった。

秋田藩の武士は家格に応じて騎馬武者と一般の戦士に編制され、足軽は家ごとにそれぞれ鉄砲・弓・鎗の各組に組織されていて、この軍事編制が、関ヶ原の戦い以来、変わらず維持されていた。そこには、武士は鎗と太刀を持って戦うものであり、鉄砲は軽卒のする仕事だと見下す固定観念が強くあり、一方の鉄砲足軽には先祖伝、火縄銃の訓練に励んできたという誇りがあった。

このとき、藩が砲台の建設と大砲の鋳造を命じたのは町奉行にして軍事御用係兼帯となった吉川忠行で、吉川は幕府が天保初年にオランダから初めて輸入したというゲベール銃の製造にも取り組んでおり、さらにこの後、より命中率が高く射程距離の長いヤーゲル銃やミニエー銃の製造まで手掛けていく。しかし、秋田藩士にとって、それらの銃器を使うことなど思いもよらず、まして見たこともない大砲を扱うことなどあり得ない話だった。藩士の中には大砲や新式銃の装備は秋田藩の軍制を根底から覆すものだと警戒する者もいて、藩内には吉川が進める

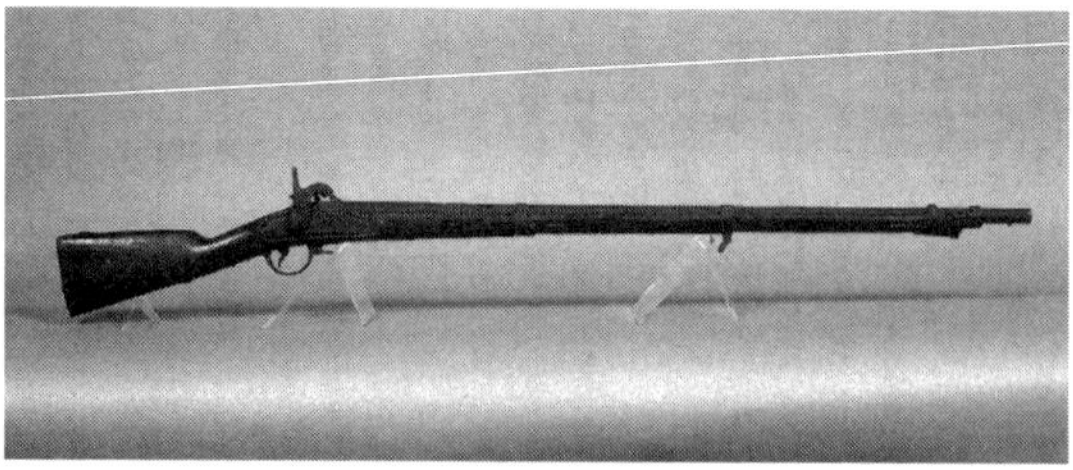

ゲベール銃
（秋田市立佐竹史料館蔵）

西洋砲術に否定的な空気が漂っていた。

新家の海岸移住

そこで藩が思い付いたのは、いわゆる献金郷士の活用だった。財政難に苦しんだ秋田藩は、十八世紀後半以降、領内の豪農商から繰り返し献金を受けていた。形式上、民間から自主的な献納米や献金の申し出を受け付けるという形を取りつつ、実態は藩側から地主や商人たちに上納金を求めるものだった。豪農商の中には数代にわたって献金に応じる者があり、秋田藩はそうした者たちに一代限り、永代などと区別を付け、扶持を支給して武士に取り立て、より一層の献金を期待した。士分とはいえ、彼らに与えられたのは近進並《きんしんなみ》★か、その一段上の永近進並《えいきんしんなみ》★の家格がほとんどで、士分格の足軽家格よりは上だが、士分の中では最も下位の家格だった。また、武士に取り立てられたとはいえ、それは身分上の話で、従来通り在郷に居住したままで、番方の勤務を割り当てられることもなかった。つまり、彼らは秋田藩の軍事編制に組み込まれていない武士身分の者たちだった。この者たちを新家《しんけ》という。

海岸警備に当たり藩は彼らに目を付け、嘉永七年（一八五四）二月、砲台建設予定地五カ所への移住を命じ、火器の訓練を申し付ける。彼ら新家は実は地主や

▼近進並
三十石未満の知行取を近進といい、その下に知行と扶持米をあわせて支給される近進並の家格があった。

▼永近進並
次の代にわたって近進並の家格が認められた者。

在方商人であったが、藩から武士身分を与えられた以上、この命令を拒むことはできなかった。そこで彼らの中には急ぎ養子を迎えその養子に海岸警備に行かせて自らは隠居となってそれまで通りの生活を続ける者もいた。

こうして砲台の建設場所が決まり、新家の移住も決まった。しかし、その工事は進まず、そもそもそこに据え付けるはずの大砲が秋田藩にはまだなかった。吉川が大砲を鋳造し、新家たちが実際に砲弾を撃って訓練したのは何と文久三年（一八六三）になってからである。五カ所の砲台の中で最初に着工されたのは城下に一番近い土崎湊で、新家が移住した翌月の三月だったが、それは幕府役人に秋田藩の海防政策を形にして見せるための政治目的からだった。

日米和親条約で下田と箱館の開港が予測され、幕府は急遽蝦夷地視察団を派遣することとなり、その一行が秋田領を通ると知った秋田藩江戸藩邸が、土崎砲台の突貫工事を命じたのである。これにより、幕吏一行の砲台視察には間に合った。しかし、そこには大砲も新式銃もまだ配備されず、新家たちは旧来の火縄銃を使って訓練を始めるしかなかった。秋田藩の海防策は、実際の国土防衛よりもまずは幕府への応対を第一に考えてなされていたのだった。

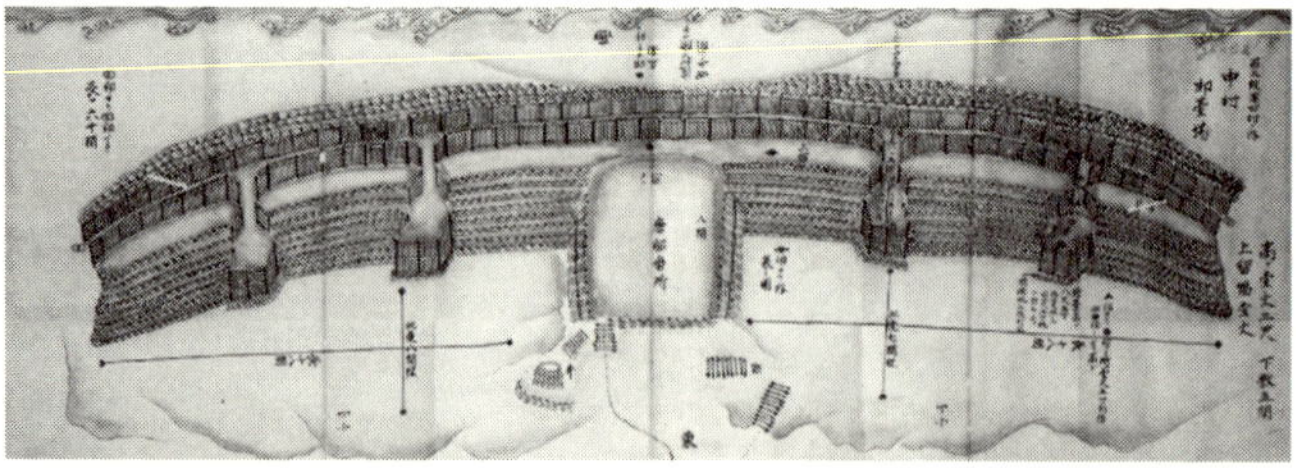

浜田村台場絵図
（秋田県公文書館蔵）

第五章　幕末の秋田藩

出羽の大藩ゆえ秋田藩には要の役割が求められ、幕末維新の混乱に投げ込まれる。

佐竹義堯銅像

1

安政の蝦夷地出兵

幕末期、大名家を支えるはずの佐竹一族に若くして当主が亡くなる不幸が続く。

幕府はロシアの脅威に備え、秋田藩を含む東北地方の有力諸藩に蝦夷地警備命令を下す。

土崎湊や能代湊の秋田船が秋田藩蝦夷地出兵隊の兵站を支える。

佐竹苗字衆の弱体化

天保十三年（一八四二）七月、佐竹義厚は側室との間に生まれた最初の男子四歳を表向き十歳と偽り、世継ぎとして幕府に届け出た。これが許されて後の十一代藩主佐竹義睦《よしちか》となる。同年七月、幕府はアヘン戦争で中国の清がイギリスに敗れたことを知り、薪水給与令を発して文政八年（一八二五）以来の異国船打払令を緩和した。

天保十四年、数えの五歳となった世嗣義睦は佐竹家の旧例にならい、袴着の式に臨んだ。本来、この儀式を取り仕切るのは苗字衆筆頭の北家当主が江戸に出て掌る決まりだったが、このときは分家大名の佐竹壱岐守義純《よしすみ》が担当した。それは北義術《よしやす》がこの二年前に亡くなり、義術の娘が佐竹一門の多賀谷厚孝に嫁いで生まれた長子義許《よしもと》が前年の天保十三年に北家を継承したが、まだ七歳で義睦の袴着を担当するには幼すぎたからだった。

　秋田藩寛政改革で殖産政策を成功させた九代藩主佐竹義和が名君と高い評価を与えられるのに、次の義厚《よしひろ》・義睦・義堯《よしたか》と続く幕末期三代の藩主に関しては目立った成果が思い浮かばない。この時期は、打ち続く難局に対処するのが精一杯で、

佐竹北家略系図

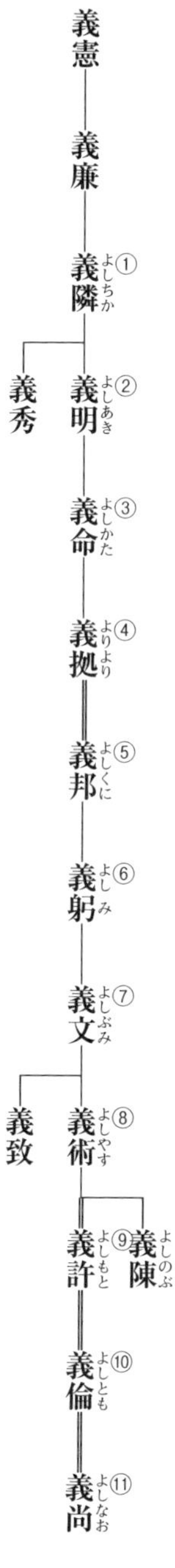

佐竹東家略系図

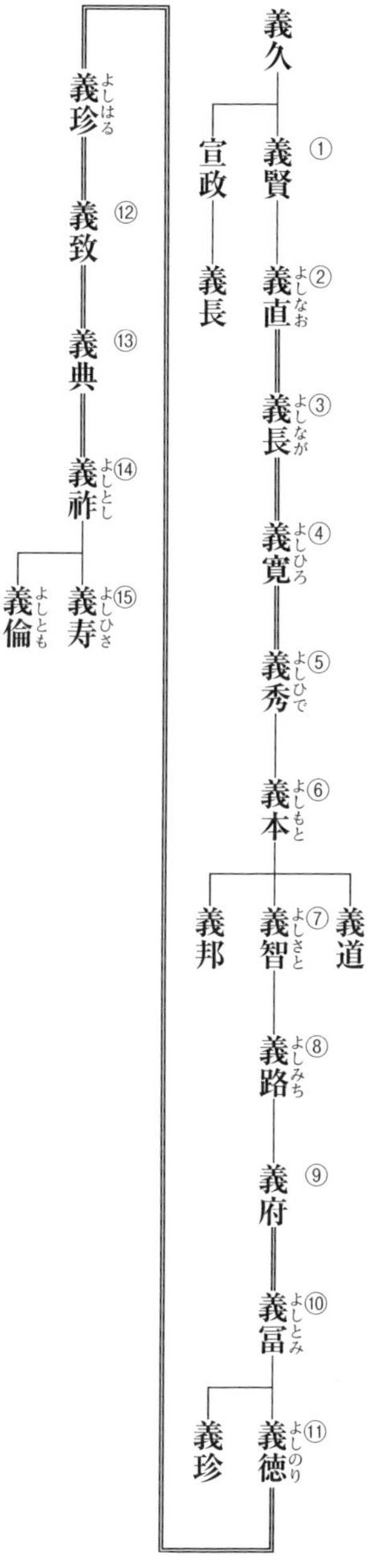

いつの間にか戊辰の混乱に巻き込まれてしまったという感が強い。それは、家督を継承したときに幼かったり、分家からの養子だったりして藩主として強いリーダーシップを発揮できなかったためだが、それだけでなく、この時期には佐竹宗家を支えるはずの苗字衆が弱体化するという要因も大きかった。家の存続さえ危ぶまれる危機的状況が続いていたのである。

東家では、義和によって江戸の左近家から国許に送り込まれた義冨が文政四年（一八二一）、三十八歳で亡くなると、ふたりの子供たちが順に家督を継いだのだが、長男義徳《よしのり》は同八年、十八歳で早世し、次男義珍《よしはる》もその翌九年には七歳で夭逝するという不幸が続く。そこで藩主義厚は、同年、北家から義文《よしぶみ》の子で義術《よしやす》の弟義致十二歳を迎えて東家を継承させた。そして、義致が元服した後、義冨の娘をその妻として義冨の血脈を守らせたが、天保八年、義致は子が生まれる前に二十三歳の若さで亡くなってしまう。そこで再び北家を頼ろうにも、その前年、義術のひとり息子義陳《よしのぶ》が十八歳で没し、北家には男子がいなかった。北家はこの後、天保十二年、義術が亡くなると家督を継承する者がなく一旦は絶家となる。そこで義厚は、翌十三年、特命をもって義術の娘が多賀谷家に嫁いで生まれた最初の男子六歳に義術の家督を継がせ、北家を再興させた。これが北義許《よしもと》だった。

相馬中村藩との縁戚

世嗣なきまま当主義致を失った東家に対し、同家を存続させるためにとった藩主義厚の策は、遠い縁戚関係にある相馬藩を頼ることだった。相馬藩にはかつて秋田藩三代藩主佐竹義処の次男叙胤《のぶたね》が養子に入っており、その子孫たちが代々の藩主となっていた。義厚は相馬藩十一代藩主相馬益胤《ますたね》の次男卓胤十五歳を東家の当主に迎える約束を交わし、翌天保九年、卓胤が義致没後の養子となって東家を継承し東義典《よしのり》となった。ところが、東家の不幸は続き、この義典は家督を継いだ翌天保十年、十七歳で早世してしまう。

相馬氏略系図

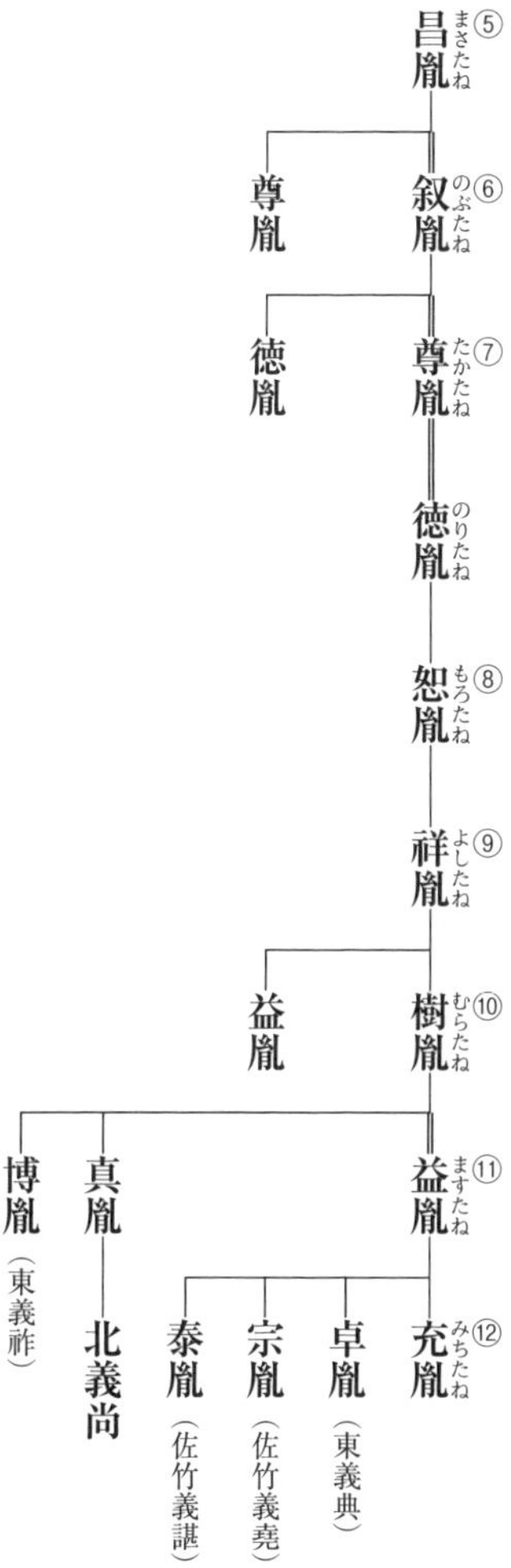

そこで義厚は、次に益胤弟の博胤《ひろたね》二十三歳を東家に迎え、天保十一年、博胤は義典の家督を継いで東義祚《よしとし》となる。こうして幕末秋田藩と相馬藩の縁戚が再び結ばれると、今度は江戸で分家大名義純に男子がなかったため、五年後の弘化二年（一八四五）、秋田藩は幕府に相馬益胤《ますたね》の三男宗胤《むねたね》を養子にしたいと願い出て許される。これも義厚が亡くなる直前に取った措置だった。

こうしてみると、佐竹義厚の治世は天保飢饉とそれに続く北浦一揆の混乱を鎮め、いよいよこれから本格的な政治を始めようとしたその時期に、宗家を支えるはずの同苗衆が不安定で、その存続対策に汲々とした感が否めない。そしてさらに、義厚が亡くなった六年後の嘉永五年（一八五二）には北家の義許が十六歳で早世し、翌六年、東義祚の次男で六歳の義倫《よしとも》がこれを継承する。こうした状況のもと藩政を与る家老たちが積極的な施策を打ち出せるはずはなく、現状を維持するのが精一杯だった。

弘化三年（一八四六）、義厚が亡くなり義睦が遺領を相続したとき、秋田藩の家老は病気退役後復職した石塚義貞を筆頭に、佐藤信久・宇都宮孟綱・塩谷紀継ら四名だった。この中で佐藤信久は、義睦の傅育係となって長く江戸に詰めていた。また、江戸で義睦を支えたのが分家の義純と相馬家から迎えたその養子宗胤だった。宗胤は嘉永二年（一八四九）、二十五歳で義純の娘と結婚して正式に壱岐守家の嗣となり、名を義核《よしさね》と改め、従五位下、左近将監に叙任される。これに伴い、義純は隠居して壱岐守家の家督を義核に譲った。また、かつて義厚の師役を務めた鼎こと左近義路は嘉永三年に没し、その嫡男由実は村路《むらじ》姓を与えられ佐竹姓から離れていた。

ペリー来航

嘉永六年（一八五三）六月、アメリカ東インド艦隊司令長官ペリーが四隻の軍艦を率いて浦賀に来航した。ペリーは前回、日本側に威圧感を与えぬよう接して失敗したビッドルの例を踏まえ、今度は強圧的な態度で幕府に開国を迫ってきた。黒煙を吐いて自在に走る黒塗りの戦艦は、それまで見たこともないもので、幕府だけでなく、その噂を聞いた人びとに大きな衝撃と脅威を与えた。ペリーは一年後の再来を告げて浦賀を去るが、この混乱のさなか、十二代将軍徳川家慶が亡くなり、子の家定が次の将軍となる。

しかし、家定は三十歳ながら病弱で子がなく、老中阿部正弘がこれを補佐し幕政を指揮した。このとき幕府は、有力諸藩に江戸湾の品川沖と江戸湾に入る三浦半島東岸およびその対岸内房地方に台場を築かせ、大砲を設置して万一の備えに当たらせた。その一方で、ペリーの開国要求にどう対処すべきか諸大名に意見を求めた。これは譜代大名だけが幕政に参画する従来の体制を覆すもので、この後

ペリー

の政局が流動化する大きな要因となった。

このとき秋田藩は、藩主義睦が幼少との理由で意見書を提出しなかった。ただし、江戸湾の警備は割り当てられなかったが、仮に出動を命じられた場合には即座に対応できるよう江戸詰の藩士をもって部隊を編制している。また、大砲の鋳造に備えて国許から鋳物師を呼び寄せ、部隊の不足を補うため藩士も江戸に上らせた。しかし、蒸気船の装備を目の当たりにし、にわか仕立ての部隊でまともに張り合えないことなど誰の目にも明らかだった。またペリーがもたらした国書の中身を知って、日本の開港が目的で決して軍事侵攻を狙うものではないこともわかったから、実戦の備えではなく、応戦の姿勢を示すことに主眼を置き、国許から招集した藩士もそう多くはなかった。

それよりも秋田藩がおそれたのは、外国の軍艦が秋田沖に現れたときの対応だった。これまた実戦の勝敗を考えてではなく、対幕府との関係や諸藩との兼ね合いにおいて何らの対策も打たずに無策のまま放置することへの批判をおそれてのことだった。九月、藩は藩領海岸部を六つの区画に分け、それぞれを持ち場として出動する部隊の編制を決定した。これは、それまでの機動部隊二組を六組に拡大したもので、騎馬武者の番頭が大将となり物頭率いる鉄砲・弓・鎗の足軽隊を指揮するという旧来通りの編制で、新たな装備強化を伴うものではなかった。

この時期、実は秋田藩首脳部にとって最大の関心事は海防ではなく、藩主義睦の元服と将軍謁見を無事に済ませることだった。これを済まさなければ藩主の帰国は許されず、国許では前藩主義厚が死去して以来もう何年も藩主の不在が続いていた。翌嘉永七年（一八五四）には義睦も十六歳となり、通常であれば将軍初お目見えは終わっているはずだった。それがペリーの一件で遅れおくれになっていたのである。今年こそはと意気込む秋田藩だったが、年が明けてすぐの正月、早くもペリーが再来し、三月には朝廷の反対を押し切って幕府は日米和親条約を締結するという慌ただしい日程が続いていた。それゆえ、義睦が将軍徳川家定に拝謁できたのはようやく十月になってからだった。そしてその翌十一月には改元されて安政元年となる。

北辺警備命令

浦賀に来航したあと琉球に戻っていたペリーが再来を急いだのは、国境確定交渉を命じられたロシア使節プチャーチン★が長崎に向かったとの情報を得たからだった。ペリーは日本との交渉をより優位に進めるため再来を急いだのである。このころロシアは、黒海から地中海に通じる航路を確保するため、オスマントルコとそれを応援するイギリス・フランス連合軍とクリミア戦争を起こして戦っており、プチャーチンはイギリス海軍に追撃される危険を冒しての日本交渉だった。

▼プチャーチン
一八〇三―一八八三。ロシア海軍提督。ロシアの極東アジア外交で活躍。

プチャーチン
（沼津市戸田造船郷土資料博物館蔵）

イギリス海軍はプチャーチンを追って長崎に来航し、日本の北方でプチャーチンと交戦することを予測して嘉永七年（一八五四）八月、長崎と箱館の開港を日本に求め日英和親条約を結んだ。

一方のプチャーチンも粘り強く日本と交渉し、同年十二月には日露和親条約が締結される。これにより、ロシアとの国境は、千島列島の択捉《えとろふ》島と得撫《うるっぷ》島の間と確定し、樺太は両国雑居の地と決まった。幕府は長崎に来港したイギリス海軍から、ロシアが日本北方に領土的野心を抱いていることを知らされていたから、蝦夷地防衛が緊急の課題となった。こうして秋田藩をはじめとした東北地方の諸藩が北辺警備の任に動員されることになる。

安政元年（一八五四）十二月、義睦は従四位下、侍従《じじゅう》に叙任され右《う》京大夫《きょうだいぶ》の称を許される。このころより翌年の初入部が本格的に計画されはじめ、安政二年四月二十三日、江戸出立と決まった。その直前の三月、秋田藩は幕府が蝦夷地を直轄化したのに伴い仙台・盛岡・弘前の諸藩と共に蝦夷地警備を命じられた。そして、江戸を発つ六日前の四月十七日、秋田藩は北海道日本海側の神威《かむい》岬からオホーツク側の知床まで、利尻・礼文の島々を含めた広大な範囲を持ち場として警備するよう幕府から担当区域を割り当てられる。それを知らせる飛脚が国許に着いたのが同二十五日だった。しかし、国許の家老にとってか

かる一大事にも増して、九年ぶりの藩主帰国をつつがなく成し遂げることの方がより大事だった。そして五月十一日、義睦は家老佐藤信久を伴って予定通り久保田に着城した。

西蝦夷地沿岸の警備を命じられた秋田藩は、守備兵の宿営地を決めるため、まず現地調査隊を派遣した。その一行は、安政二年五月五日、久保田を発って四カ月間の調査を終え、九月四日に帰着する。調査報告を受けた藩庁は、気象条件の厳しさと、何よりも守衛範囲のあまりな広大さに驚かされた。秋田藩は江戸藩邸の情報網を駆使し、箱館や松前など道南地方の気象についてはある程度把握できていた。しかし、現地に赴いて調べてみると、その北方、宗谷から樺太方面は想像を超えた厳寒の地であることが判明する。そのため藩は、当初考えていたより壁も屋根も厚くして陣屋をより頑丈にして防寒対策をしなければならなかった。それらの建設資材をすべて国許から廻漕するのに不安を覚えた秋田藩は、現地での材木切り出しを幕府に願い出ている。また、藩士にとっては津軽海峡を越えて松前に渡るだけでも大変なところ、その先、宗谷から樺太まで行くには秋田から江戸へ行くよりもさらに遠いことを知り、ただただ唖然とするしかなかった。

持ち場に指定されたオホーツク側の知床までを警衛するには、陣屋を二〇カ所ほど設け、そこに総兵力三〇〇〇人を張り付けなければ到底守り切れないだろうと藩は判断した。そこで秋田藩は、分家大名佐竹義核《よしさね》を通じ幕府老中に蝦夷地警備の免除を願い出た。

しかし、それが許されるはずもなく、翌安政三年二月、再度の指令で増毛と宗谷に軍勢を常駐させ、樺太には宗谷海峡を渡ったシラヌシとその北方クシュンコタンの二カ所に出張陣屋を造って三月から八月までの期間、勤番するよう指令される。秋田藩は持ち場に指定された海岸のすべてを通常警備し、その一帯に常に番士を張り付けておかねばならないと考えていた。しかし、幕府の考えはそうではなかった。このとき、松前藩支配地を除く蝦夷地はみな幕府の直轄地であり、その現地指揮官である箱館奉行より指示があり次第、各陣屋から軍勢を差し向ければそれでよかったのである。

安政の増毛出兵

安政三年（一八五六）三月十四日、蝦夷地警備隊の第一陣が久保田を出発した。このとき秋田藩は約五十年前の文化四年（一八〇七）、箱館に出兵したときのことを十分に調べていた。そこで、渡海の困難さを踏まえ、乗船区間が最も短くなる津軽半島突端の三厩から船出して松前に渡るルートを選び、その後は陸路を通って任地に向かうことにした。部隊の総数は四五四人、うち藩士は八三人で、その従者である陪臣が一五九人、足軽九六人、士分格の徒などが二〇人、それに雑役

増毛元陣屋遠景
（北海道開拓記念館蔵「松本吉兵衛紀行絵巻」）

を担当する郷夫《ごうふ》九二人と鍛冶・木挽が四人という構成で、久保田の城下士はわずかでそのほとんどは横手居住の武士と足軽たちだった。

装備の主力は鉄砲で、越冬地と決めた増毛の元陣屋《もとじんや》に鉄砲足軽が二五人ずつ二組、宗谷とクシュンコタン両出張陣屋にはそれぞれ二〇人一組ずつを配備し、シラヌシにはクシュンコタン詰めの一部を出張させて対応することにした。ふたつの出張陣屋は冬季間閉鎖し、そこに詰める藩士は増毛の元陣屋に戻って越冬した。このときはもはや弓と鎗の足軽隊は帯同させず、武士たちは自ら身を守るため鉄砲を携えていたが、種類はまちまちで、しかも全員分は揃っていなかった。

藩士のうち戦士武者となる番士は増毛に張り付けられた二五人だけで、残りの多くは足軽隊を率いる指揮官だった。その中には大筒や石火矢など火器を担当する士分の者もいた。石火矢は火薬を爆発させて砲弾を発射する武器で、青銅製の鋳物のため大筒よりも製造が簡単だった。これらの火器を足軽ではなく士分の者が担当したのは従来にない方式で、その内訳を見ると、久保田の城下士と横手の野御扶持人《のごふちにん》たちだった。野御扶持人は本来、野を開墾して自らの扶持を確保するよう命じられた足軽身分の者たちだが、このとき藩は新家に台場警備を命じたように、彼らを足軽から士分に引き上げて大筒や石火矢を担当させたのである。また、同様にそれらの火器を担当した城下士は、軽輩の士かまたは武家の次男三男たちで、吉川流の西洋砲術を学んだ者とみられる。

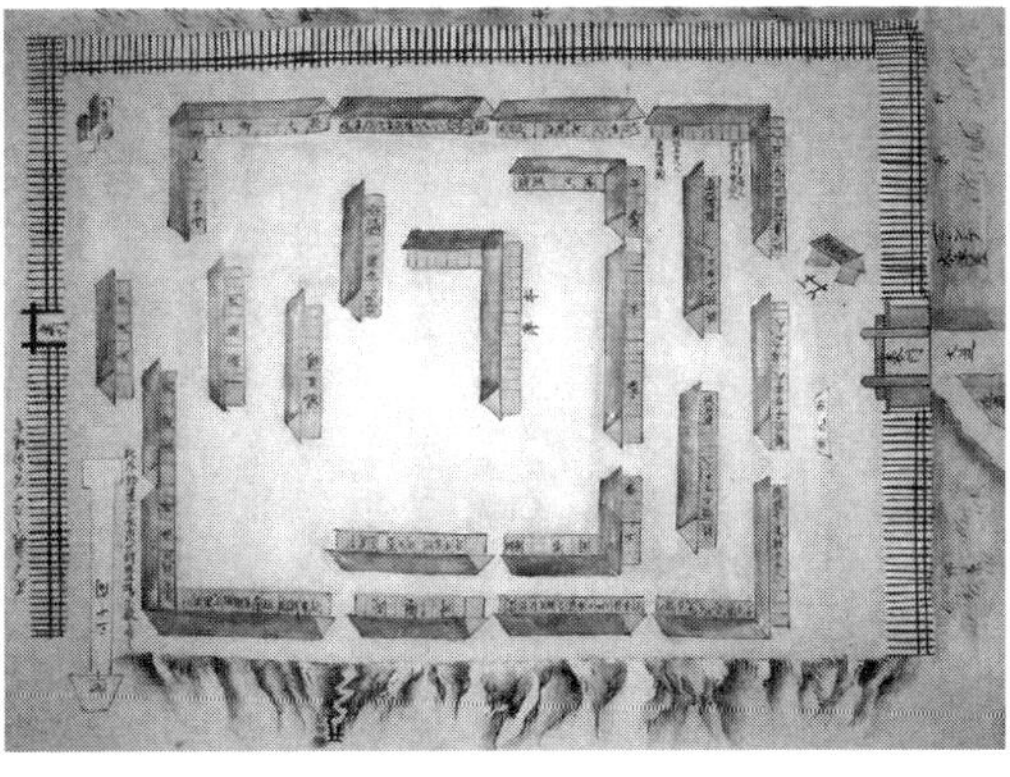

増毛元陣屋平面図
（北海道開拓記念館蔵「松本吉兵衛紀行絵巻」）

蝦夷地警備軍の主体は横手の武士と足軽たちだった。それは、同じく蝦夷地警備を命じられた弘前藩で何か変事があった場合には、秋田藩はすかさずその支援に向かうよう幕府から指示されていたからで、藩はそれに大館の武士を控えさせる一方、久保田の城下士は藩領海岸部を守衛し、檜山の武士には能代以北でその補助に当たらせる、という役割分担を考えていたからではないかと思われる。

蝦夷地に渡った横手武士の中には生まれて初めて海を見た者もいたことだろう。彼らが連れていった従者は藩から見れば陪臣だが、長く続いた泰平の世に秋田藩士が江戸時代初めのような陪臣を召し抱えておく必要はなくなっていたから、多くは支配地農村から必要に応じて百姓を年季奉公で雇うようになっていた。したがって、このとき蝦夷地に行った陪臣の中には百姓出身の者もいて、出自の面では金銭で雇用された郷夫と同じだった。元陣屋が置かれた増毛では、横手城下近傍農村に伝わる旧暦正月の伝統行事である梵天奉納《ぼんでんほうのう》★が明治になっても続けられていたという。これは、交代で増毛の元陣屋に勤番した者の多くが実は百姓の出であったことの証しだろう。秋田藩の蝦夷地警衛は、武士だけでなくこうした農民の負担の上に実現されていたのだった。

▼梵天奉納
神の依代（よりしろ）となる長さ二メートルほどの布製の作り物を神社に奉納する祭り。

シラヌシ出張陣屋
（北海道開拓記念館蔵「松本吉兵衛紀行絵巻」）

秋田船の活躍

安政六年（一八五九）九月、幕府はそれまでの蝦夷地直轄支配を改める。道南の松前藩支配地より奥地を東北地方の有力諸藩に分領として分け与え、内地同様に開墾させ、それによって蝦夷地の内国化を図り国防に当たらせる方向へと方針を転換した。それは、それまでの秋田・弘前・盛岡・仙台の諸藩に庄内藩と会津藩を加えた六藩で、秋田藩には元陣屋のある増毛から利尻・礼文両島、そして宗谷岬を経て紋別に至るまでの土地が与えられた。その結果、秋田藩は安政三年以来、変わることなく一年交代で国許から軍勢を送り続け、慶応三年（一八六七）十月、幕府から蝦夷地分領の返納を命じられるまでその体制を維持した。

この過程で秋田藩は蝦夷地の海産物に目を付け、国許土崎の商人を使って蝦夷地の漁業と廻漕業に参入しようと画策する。しかし、幕府は場所請負商人に漁場と輸送の独占的利用権を認め、その代わり彼らに巨額の運上金を上納させていたから、決してこの場所請負制を崩そうとはしなかった。秋田藩の警備区域を主な請負場所とした商人は伊達《だて》林《りん》右《え》衛門《もん》★で、秋田藩は陣屋の設営から陸路の開削に至るまで伊達屋の協力なしにはその任務を全うすることはできなかった。秋田藩はその伊達屋の営業権の一部に食い込もうと図ったのだが、藩が利用しようとした秋田の商人には資金面でも、販路の面でも到底太刀打ちできる相手ではなかった。

横手の梵天
（写真提供＝秋田県観光連盟）」）

伊達林右衛門「蝦夷地掛物目録」（北海道立図書館蔵）

▼伊達林右衛門
幕末・明治期に蝦夷地と江戸を結ぶ産物の輸送や販売で活躍した場所請負商人。十八世紀末、伊達家は陸奥国伊達郡から蝦夷地に渡り、代々林右衛門を襲名した。

② 幕末政局と秋田藩

ペリー来航、横浜開港と続く混乱の中、秋田藩は家老間の対立から政治基盤が安定しない。秋田藩最後の藩主佐竹義堯は遠縁の相馬中村藩から迎えられた。政局が江戸から京都に移るころ、横浜の交易場を視察した宇都宮家老は攘夷の無謀を実感する。

佐藤信久の罷免

蝦夷地警備を命じられ、藩主義睦の帰国中にも幕府から色々な指令を受けることになった江戸藩邸は、その役割が一層重要となった。安政二年（一八五五）、義睦の初入部に従って家老の佐藤信久は帰国し、代わって宇都宮孟綱が江戸に上り分家大名佐竹義核《よしさね》と諮りつつその任に就いた。このとき義睦はまだ結婚前で子がなく、幕府には義核を仮養子として届け出ていた。国許ではこの前年、長く病気がちだった家老塩谷紀継の退役が認められ、大越忠國《おおこしただくに》がそれに代わっていたが、その大越も義睦が帰国した年の八月に病没し、国許の家老は佐藤と石塚義貞《よしさだ》のふたりきりになっていた。

このとき、北家・東家そして壱岐守家、これらの当主はみな相馬の出身者で占められていた。一番の年長は相馬益胤の弟で東家の当主となった東義祚《よしとし》三十九歳で、その嫡男英千代、後の義寿《よしひさ》は十一歳、そして次男虎菊、後の義倫《よしとも》は八歳で北家の当主となっていた。壱岐守家の義核は、このとき三十一歳で益胤の三男だから、義核にとって東義祚は八歳年長の叔父という関係だった。その義祚は天保十一年（一八四〇）から東家を継いでいたから、秋田在住十六年を数え国許での存在感を強めていた。

義睦が初めて帰国した年の十月二日夜、江戸で直下型の大地震が起こった。安政年間には東海・南海地方で大小二〇回ほどの地震が群発したが、これはその中で最大規模の地震だった。焼失家屋一万四〇〇〇軒余、死者は約七〇〇〇人といわれる中、秋田藩江戸藩邸はいずれも焼失を免れ大規模な倒壊もなかった。

その知らせが国許に届くころ、藩庁に激震が走った。長く江戸藩邸に詰めて義睦の養育係を務めてきた古参家老の佐藤信久が、突然、罷免され、知行三分の一没収、生涯蟄居を命じられたのである。幼君を支え、対幕府との関係を一手に引き受けてきた佐藤ではあったが、藩主が幼い上に分家の義純が老齢となり、義核も養子ゆえ控えめにしているのをよいことにその言動は次第に専横の度を増していたらしい。国許ではそれに不満を持つ者が少なからずいて、佐藤の排除を求めて、藩主の帰国を待って佐藤の非を直訴したのだった。

佐藤の罷免は、江戸に詰める宇都宮にも、義睦の摂政役である義核にも一切の

安政2年、江戸大地震火事場之図
（国立国会図書館蔵）

打診はなかった。すべては国許で隠密の内に進められた。実はこれは、石塚が義睦を説いて佐藤を追放した家老同士の権力闘争だった。そしてこのあと、石塚は大越の後任家老に中安盛良《なかやすもりよし》を、佐藤のあとには寺崎広道《てらさきひろみち》を推挙し、義睦の承認を得て家老に就任させている。

家老間の深刻な対立

初の帰国を終えた義睦は安政三年（一八五六）六月、江戸に戻った。藩邸は前年の大地震の被害を免れ無事だったが、この年二月、中屋敷が貰い火を受けて類焼したため、四月の出発を遅らせた。八月には姉佳子と宇和島藩の最後の藩主となる伊達宗徳《だてむねえ》の婚儀を調え、義睦は九月、義核の補佐役を解いて自ら直裁することを宣言した。安政四年三月、義睦は十九歳にして土佐高知の十二代藩主山内豊資《やまうちとよすけ》の娘悦子と結婚する。これで秋田藩も安泰かと思われた。しかし、藩政の混迷はまだ終わらなかった。五月、義睦は宇都宮を伴い二度目の帰国を果たすが、そこに待っていたのは四名の家老全員の罷免と、前回蟄居したはずの佐藤信久の復職だった。

藩主が着城した翌日の二十一日夕方、評定奉行と副役ら合わせて三名が宇都宮宅を訪れ、東家の当主佐竹義祚《よしとし》よりの命として、宇都宮に対し病気を理由に家老職を辞すよう伝達する。その使者によれば、他の三家老もみな同様に自ら辞職願を提出するよう求められ、代わって佐藤が家老に復職するらしいが、詳しいことは知らされていないという。突然の指令で合点のゆかぬ話だったが、藩主義睦の意向でもあると聞かされ、宇都宮は病気退役願を書いた。

ところが、しばらくしてその日の夜、別の使者が来訪し、今度は義睦直々の命として夜分を押して急ぎ登城せよとの指令である。全く事情を飲み込めない宇都宮だったが、城に上ると、相役の石塚が待っていた。そこで、ふたり揃って藩主面前に進み出ると、義睦が言うには、先の内意は東義祚の進言を受けての判断だったが、再度よく考えてみると、四名を辞めさせる理由は何もないのでこれまで通り精励せよ、との意向である。そして、残る中安と寺崎には両名よりこの旨を伝えるよう申し付けられた。

これは蟄居中の佐藤が東義祚と組んで権力の中枢に復帰しようとたくらんだ策略だった。藩主着城の翌日というタイミングがそれをよく表している。久保田で存在感を増していた東義祚はこのとき四十一歳、二度目の帰国に安堵した青年藩主義睦は、十分に考える余裕もないまま義祚の言を鵜呑みにしてしまったのだった。幼いころより養育係を務めた佐藤の功績を説かれ心が惑わされたのかもしれない。

危うくいわれのない辞職に追い込まれるところだった宇都宮は、この日の一件

第十一代藩主佐竹義睦
（天徳寺蔵）

が前回義睦が初帰国した折に石塚が義睦を説いて佐藤を追い落としたことの裏返しであることを知った。石塚と佐藤の亀裂は修復不可能なまでに破綻しており、今、政治を安定させるには佐藤とそれを利用して発言力を一層強めようとする東家に対し断固たる態度を示さねばならないと宇都宮は考え、藩主面前を退いた後、城中で夜を徹して石塚と協議を重ねた。その結果、佐藤には十二所の茂木《もてぎ》氏への身柄預けを申し渡して久保田から追放し、東家に対しては義祚を隠居させて、嫡子英千代に家督を譲らせることにしたのだった。

秋田藩最後の藩主

蝦夷地警備に藩士を送り出しているこの時期に、藩の首脳たちが権力闘争に明け暮れる余裕などないはずだった。これでようやく藩政に専念できると思ったのも束の間、六月に入り、藩主義睦に水腫のむくみが現れ、健康に優れぬ日々が続いた。そうしていたところ、義睦はそのまま七月一日、帰らぬ人となった。三月に婚儀を挙げたばかりのあまりに若すぎる死だった。

この突発時には、本来、佐竹苗字衆ならびに分家大名壱岐守家が家老たちの諮問に与り、あるいは助言して家老たちを助けるはずだった。ところが、東家は譴《けん》責《せき》にあって元服前の英千代十三歳が家督を継いだばかりだし、北家当主虎菊《とらぎく》はその実弟でさらに幼かった。また、南家も二年前に義孟が三十四歳で亡くなって、跡を継いだ子の義誠《よしなり》はまだ九歳、そして、西家の小場義茂は四十六歳ながら先代藩主義厚より父義幹と共に一時蟄居を命じられたこともあり、家老たちの相談に与る立場にはなかった。

そのため、義睦の仮養子として幕府に届け出てあった壱岐守家の当主義核を宗家の継承者とすることに家老たち一同迷いはなかった。その申し出を受けた義核は、このとき三十三歳、思いもよらぬ展開に困惑するも、相馬藩主の三男にして壱岐守家の養子に入った身に相談できる相手はいなかった。前藩主が帰国するたびに家老罷免の悶着が繰り返され、しかも実の叔父義祚が罪を得て隠居、ゆかりも人脈もない秋田で果たして人心を掌握し治世を全うすることができるのか、義核に自信はなかった。しかし、佐竹の姓を継いだ以上、その宗家は守らねばならず、義睦の末期養子となる決心を固める。そして、自らの壱岐守家二万石は実家の相馬藩から実弟の泰胤《やすたね》を呼んで継がせ、泰胤は佐竹義諶《よしずま》と名を改める。義核も義就《よしなり》と改名し、宗家を継いで九月十五日、将軍徳川家定に拝謁して二十万石の大名となった。

こうして秋田藩最後の藩主となった義就が最初に取り組んだのは、何よりも混迷する国許の藩庁をまとめることだった。佐藤家老の罷免と復職、そして十二所預けの処分はいずれも理由も説明されないまま突然決定され、それに合わせて佐

第十二代藩主佐竹義堯銅像

藤に連なる役人たちが何人も処罰されたから、藩士たちの間にはある種の疑心暗鬼が生じていた。義就は、その根源が家老石塚にあるとみて、十一月、石塚の職を解いて渋江左膳光音に交代させた。

そうした新藩主の思いに反し、実の甥が藩主の座に着いたことを隠居中の東義祚は復権の好機到来と捉えていた。義就に書を送り、あるいは実家の相馬藩に自らの復権が叶うよう働きかけ、相馬藩士を秋田に呼ぶなどして策動していた。そこで義就は、翌安政五年（一八五八）二月、江戸より指令して義祚の身柄を横手の戸村《と》義效《むらよしかた》に預け、久保田に残っていた病巣を取り除いたのだった。

政局は江戸から京都へ

そうして安政六年（一八五九）五月、義就は初めて秋田の地を踏む。この間、アメリカ総領事ハリスは幕府にさらなる開港と公使の江戸駐在、それに貿易の開始などを求めたため、幕府は諸大名に意見を上申させた。その結果、大方は戦争を避けるには貿易も止むなしと考えていると幕府は判断し、勅許を求め、老中堀田正睦《まさよし》を京都に派遣した。しかし、孝明天皇は断然これを却下し、許さない。この事態に際し、佐竹義就は長崎・下田・箱館以外の開港も公使の江戸駐在も反対だが、三港での貿易については品目を厳選して認めざるを得ないと意見を表明し、条約締結に当たっては勅許を得られるよう最後まで朝廷に働きかけるべきだと訴えている。

しかし、現実は、安政五年四月、井伊直弼《いいなおすけ》が突然大老に就任し、六月には勅許を得ぬまま日米修好通商条約を結び、病弱の将軍家定の継嗣には紀州藩主徳川慶福《よしとみ》を据えてこの問題を決着させる。そうして、反対勢力を厳しく弾圧する安政の大獄が始まった。そのさなか、義就は秋田に帰国し、翌安政六年閏三月に国許を離れるまでの間に、江戸では桜田門外の変に井伊が討たれ、老中安藤信正《あんどうのぶまさ》が朝廷権威を利用しつつ幕政を立て直そうとする公武合体の動きを進めていくのだった。秋田藩は外交問題とは別に、実は財政再建に向け秋田での鋳銭事業を井伊に働きかけており、その反応もよく許可の手応えを感じていた。ところがその矢先、井伊が暗殺され、秋田藩の鋳銭計画は立ち消えとなった。

文久元年（一八六一）四月、義就が二度目に帰国し、翌年江戸に戻るまでにも政局は大きく動く。公武合体を進めた安藤は、文久二年正月、坂下門外の変で負傷し失脚したが、その翌月、皇女和宮《かずのみや》は家茂《いえもち》と名を改めた慶福に降嫁し、五月には幕政改革を求める勅使大原重徳《おおはらしげとみ》が鹿児島藩主の父島津久光《しまづひさみつ》に守られて江戸に下る事態となっていた。公武合体の動きは天皇の権威を高め、尊王論と攘夷論を結び付けながら、幕政批判を一層強める方向へと動いていた。ところが、文久三年八月十八日、朝廷内で攘夷を唱える公卿とそれに結ぶ長州勢が、幕府の京都守

月岡芳年筆「桜田門外の変・桜田雪」
（浅井コレクション）

護職とそれを支援する鹿児島藩の勢力によって京都から一掃される政変が起きる。八月十八日の政変★である。この後、情勢は一変し幕府が勢力を回復する。翌元治元（一八六四）年七月、長州藩が京都奪回を目指して攻め上り禁門の変を起こすと、幕府はこれを追い払って退け、第一次長州征討を行った。その結果十一月、長州藩は幕府に謝罪恭順した。

佐竹義堯の京都警衛

この直前、尊王攘夷の声が高まり朝廷の権威が高揚したとき、勅使大原は将軍家茂に上洛を求めた。また、朝廷は幕府を介さず直接諸藩に指示を下し、京都警衛の任に就くよう命じるようになった。義就は文久二年八月、義堯《よしたか》と改名し、翌年の将軍上洛に供奉したいと願い出るが、幕府は経費節約の面からこれを許さず、秋田藩には経費自弁での上京が認められた。そして十一月、宇都宮家老が義堯に先発して江戸藩邸から京都に向かうと、それに前後して朝廷から直接秋田藩主佐竹義堯に対し上京するよう命が下った。そこで文久三年正月、義堯は江戸詰めの藩士を率いて京都に上り警衛の任に就く。だが、三月には、朝廷は秋田藩に国許の海岸警備に当たるよう命じて義堯を帰国させる。義堯は江戸を経由して秋田に帰ろうとするが、幕府は義堯に秋田に帰らず世情不安の高まる江戸を警備するよ

▼八月十八日の政変
会津・薩摩両藩を中心とする公武合体派が長州藩を中心とする尊攘派を京都から追放した事件。

う命じる。ところが、義堯はその命に従わず朝廷よりの指令を理由にして帰国してしまう。このころ、幕府の権威はここまで凋落していたのだった。

文久三年六月、秋田藩は幕府から翌年正月より三カ月間の京都警衛を申し付けられ、翌七月には朝廷からも義堯の上京が命じられる。京都が八月十八日の政変に揺れるころ、秋田では義堯に先発して家老の上京が計画され、今度は横手城代戸村義效《よしかた》を家老に任命して上京させることになった。九月二十五日、戸村は京都に着くが、すでに強硬に攘夷を唱える勢力は京都を追われ、治安は京都守護職によって回復されていた。十二月、戸村は京都警衛の任を解かれ、藩士の一部は帰郷したが、戸村は義堯の再上洛までそのまま京都に留まった。

元治元年（一八六四）二月、秋田藩の京都警衛期間が夏季に変更され、義堯が国許に滞在していたところに、長州藩から使者が訪れる。長州藩は勤王の志篤く、天皇の意に従って攘夷運動を実践しているにもかかわらず、前年八月には突然京都政界から追放されたことの非を訴え、その立場に理解を求めてやってきたのだった。しかし、義堯には、関東で水戸藩の過激攘夷派天狗党が筑波山《つくばさん》に挙兵し、幕府がいずれかの藩兵を動員してその鎮圧に向かわせるという情報もあり、長州藩への対応は慎重にならざるを得なかった。むしろ、義堯は朝廷からの海岸警備命令に沿う形で、箱館から軍艦順捷丸《じゅんしょうまる》を購入し、また能代では軍艦福海丸を建造したり、沿岸部に砲台を増やしたりして海防強化に努めていた。

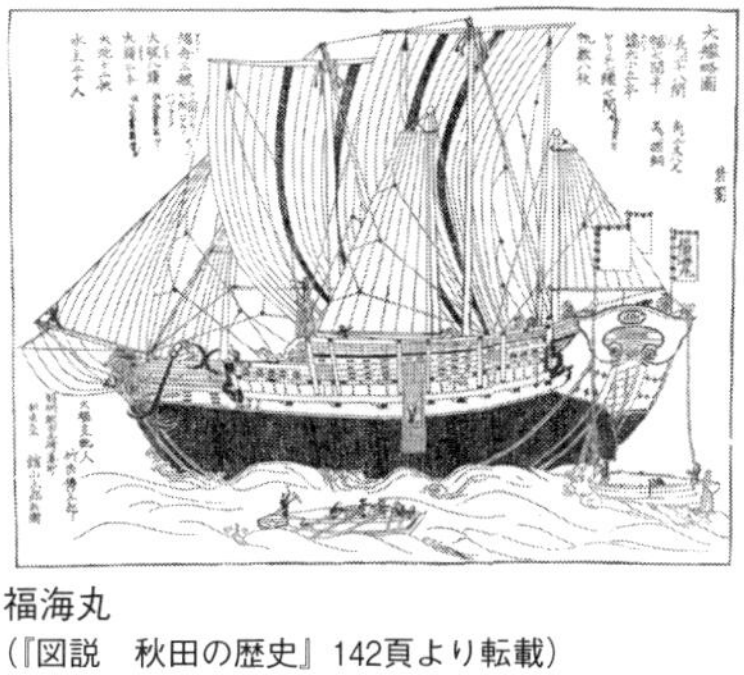

福海丸
（『図説　秋田の歴史』142頁より転載）

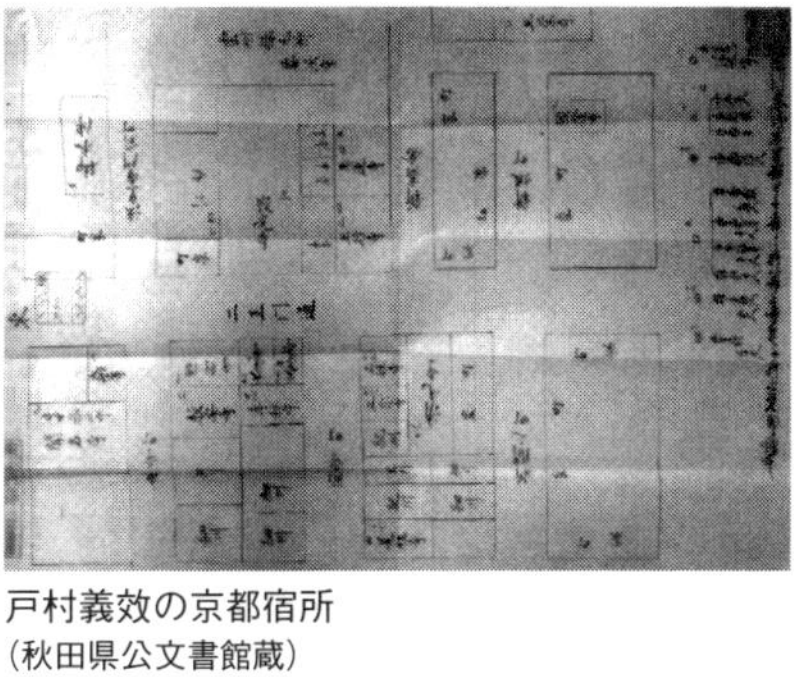

戸村義效の京都宿所
（秋田県公文書館蔵）

そして七月、京都の戸村より禁門の変★が伝えられ、義堯はいよいよ京都警衛の意を固め、八月には藩士・領民一同に訓示していつもより多くの武器と兵卒を率いて江戸に向かう。それは京都警衛での実戦を想定した編隊だった。だが幕府は天狗党の騒乱と江戸の治安維持を理由に義堯の上京を許さず、結局、十二月に家老の塩谷温綱が藩主に代わって京都警衛の任につき、翌元治二年正月、戸村は帰藩した。四月、江戸時代最後の元号となる慶応と改元されると、その六月、義堯は江戸を発って帰国するが、その直前、宇都宮家老に横浜の貿易場視察を命じている。五月二日、横浜を訪れた宇都宮は、背も鼻も高く、色の白い異国人たちの生活風俗を目の当たりにして驚いている。彼の日記によれば、攘夷論がいかに非現実的な空論であるかをまざまざと感じ取ったようである。

慶応二年（一八六六）正月、義堯は国許で四度目の年頭の賀を祝った。しかし、義堯はこの年の春ころより健康が優れなくなり、通例の参勤は遅れ、八月末になってようやく江戸邸に入った。この間、第一次長州征討後、幕府に謝罪した長州藩では、高杉晋作《たかすぎしんさく》らの急進派が政権を奪取し、この正月には倒幕を目指して薩長同盟が結ばれていた。そして、六月には秋田藩の関与しないところで第二次長州征討が開始される中、上洛中の将軍家茂が七月、大坂城に没する。十二月、最後の将軍として徳川慶喜が就任、ほぼ同時期に義堯は孝明《こうめい》天皇崩御の報を江戸藩邸で聞く。慶応三年、義堯は病気がちで帰国願を提出するも、政治の中心が京都に

▼禁門の変
蛤御門（はまぐりごもん）の変ともいう。八月十八日の政変で、朝廷の禁門警備の任を解かれた長州藩が勢力奪回をねらい兵を率いて上京したが、会津・薩摩の兵と戦い敗北した事件。

禁門

移っているこの時期に江戸の治安は不安定で、その願いは許されなかった。

十月、討幕派の機先を制し慶喜は大政奉還を宣言する。しかし、十二月、王政復古の大号令のもと京都御所で開かれた小御所《こごしょ》★会議において慶喜の辞官納地★が決定する。これにより慶喜は諸大名を指揮する制度的裏付けを失い、天皇のもと諸大名と同列の立場となった。京都に詰めていた秋田藩家老真崎陸貴《まさきちかたか》よりその知らせを受けた義堯は、帰国を決断し、厳冬期、雪を押して慶応四年正月十二日、ようやくの思いで久保田に着城する。そのころ京都では、大坂城にいた慶喜が実力をもって朝廷を制すべく、兵を率いて京都に進軍したところ、鳥羽・伏見で薩長倒幕軍と戦闘となり、幕府勢は敗れ慶喜は大坂城に逃げ帰る事態となっていた。

この戦いに勝利した薩長勢は、明治天皇を擁立して維新政府を樹立。新政府は海路江戸に戻った慶喜を朝敵とし、二月九日、東征大総督を任命し、東海道・東山道・北陸道の三方から江戸に向けて進軍を開始する。また、これに合わせて新政府は奥羽鎮撫総督を任命した。その目的は、京都守護職として多くの志士を弾圧し京都政界から長州勢を追い払った松平容保の治める会津藩を討伐し、前年暮れに薩摩藩江戸藩邸を焼き払った庄内藩を攻めることにあった。

▼小御所
御所内に設けられた書院造の殿舎。江戸時代には幕府の使者や諸侯の謁見の場として利用された。

▼辞官納地
朝廷の官位官職を辞退し、所領を朝廷に返上すること。

③ 秋田戊辰戦争

新政府から朝敵庄内藩の追討を命じられた秋田藩は、東北諸藩による白石会議にも出席し、両面作戦を展開した。奥羽鎮撫総督と副総督が久保田に結集し、秋田藩は奥羽越列藩同盟からの離脱を決定。秋田戊辰戦争は秋田藩側の連敗続きだった。

白石会議

新政府軍の主力部隊は江戸開城に向けられ、会津・庄内両藩の征討には奥羽諸藩の軍勢が当てられることになった。これより前の正月十七日、新政府は仙台藩に会津征討を命じ、米沢・秋田・盛岡の三藩には仙台藩を支援するよう命じていた。その後、奥羽鎮撫総督府指揮官に一部交代があり、三月には左大臣九条道《くじょうみち》孝《たか》総督のもと、公家の沢為量《さわためかず》と醍醐忠敬《だいごただゆき》がそれぞれ副総督と参謀に任じられ、それに下参謀の長州藩士世良修蔵《せらしゅうぞう》と薩摩藩士大山綱良《おおやまつなよし》がついて薩長勢に仙台・福岡両藩士を交え、およそ七〇〇から八〇〇人の規模で京都を出発し、大坂より海路仙台を目指した。そして、三月下旬、奥羽鎮撫軍は仙台藩領松島に上陸した。

仙台に本拠地を構えた九条総督は、ここで改めて仙台藩に東北地方の諸藩を率

白石城
（写真提供：白石市商工観光課）

いて会津征討をおこなうよう命じ、秋田藩にはそれとは別に庄内に出兵して庄内藩を討つよう命令する。鎮撫とは本来、刃向かう者には武力をもって鎮め、民心を安堵させるという意味だが、ここでは初めから武力による討滅が目的とされていた。これはまさに薩長勢の私怨に他ならなかった。それゆえ、この命を受けた東北諸藩は、いかに朝廷よりの命令とはいえ、会津・庄内両藩を討たなければならない理由を素直には納得できず、即座に応じる藩はなかった。

そこで、九条総督は秋田藩に庄内出兵を直接指令すべく藩の重役に鎮撫総督府に出向くよう呼び付ける。一方、仙台藩も九条総督の命にどう対処すべきか協議したいとして、東北諸藩の重役に支城の白石《しろいし》に参会するよう求めた。これを受けて秋田藩は家老の戸村義効《よしかた》を白石に向け派遣する。戸村が白石に着いた閏四月十八日は、すでに仙台・米沢・盛岡など一四藩の重役が会合し、会津藩の宥免を求める嘆願書を九条総督のもとに提出しており、九条がそれを却下した日だった。鎮撫総督はあくまでも会津・庄内を武力で討伐する方針で、沢副総督はこのときすでに薩長勢を率いて庄内攻めに向かい、新庄に移っていた。

秋田藩の両面作戦

戸村は白石に着いた翌日の十九日、初めて奥羽列藩会議に出席すると、そこで、

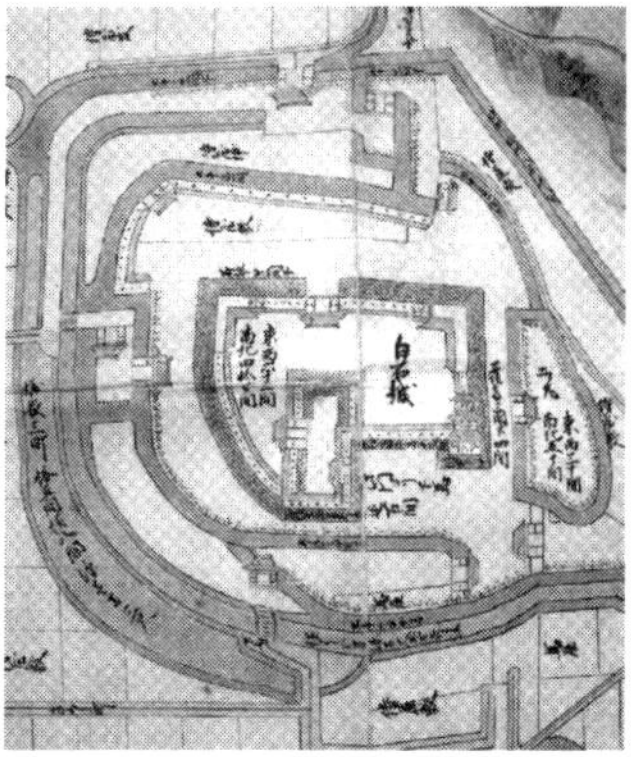

白石城絵図
（秋田県公文書館蔵）

会津・庄内両藩の寛典を京都の太政官に直接請願し、その沙汰が下るまで諸藩は一旦解兵することが議決される。ところがこのころ、秋田の国許ではこれとはまったく逆の方向に動いていた。秋田藩は沢副総督の再三にわたる庄内出兵命令を拒みきれず、去る四月十六日、その第一陣を先発させていた。藩主義堯は、これより先の二月下旬、秋田藩の銃火器が旧式でかつ新式銃も不揃いなため、軍備面に油断のあったことを後悔の至りと言いつつ、家臣一同に西洋砲術の重要性を説いて今ある銃砲を用いて砲術所での訓練に励むよう訓諭している。装備面の遅れは藩庁首脳部も認めるところだった。

沢副総督から出兵命令を受け、義堯は家老たち重臣を集め協議させた。そこで得た結論は、戸村を仙台に送って東北諸藩に同調させる一方で、総督府の指示にも従って庄内に兵を送るという両面作戦だった。秋田藩側には庄内藩を説得して謝罪を引き出せるのではないかという淡い期待があり、まずは兵を出すことで沢副総督にも申し開きができると考えたのである。

出兵軍は全四陣の編制で、主に久保田の城下士で組織され、第三陣だけは横手と湯沢の武士が主体だった。第三陣は久保田の陣将梅津小太郎のもと横手市大森の大沢村に結集し、そこから矢島に移ってそこを前線基地として鳥海山《ちょうかいさん》を越え庄内側に奇襲攻撃を仕掛ける計画で、残りの主力三陣が由利の海岸部を南下して三崎口から庄内領に討ち入るという作戦だった。このとき、亀田藩、本荘藩、そして矢島を治める旗本生駒《いこま》氏も大藩である秋田藩に従わざるを得ず、自ずとその立場は庄内攻めに加担する新政府軍となった。大沢村に結集した横手武士は、沢副総督のいる新庄に向けて南下する亀田勢が、ゲベール銃隊一組を含む大人数であるのを見て、二万石の小藩には似合わない規模だと驚いている。

白石にいた戸村は、国許の藩庁と絶えず連絡を取り合っていた。閏四月十九日の会合で東北諸藩は一旦解兵すると決まったのを受け、すぐさま急使を立て庄内攻めを中止するよう書き送っている。その真夜中、日付が二十日に変わったころ、福島で大事件が起こる。醍醐参謀のもとにいた下参謀世良を仙台藩士が捕らえ、河原に引き出して斬首したのである。

世良は長州藩の下級武士ながら新政府軍の下参謀となり、日ごろより奥羽の武士を見下す態度があり、その言動には目に余るものがあった。そのような中、世良が沢副総督のもとにいる下参謀大山に宛てた密書が仙台藩士によって押収され、そこに「奥羽皆敵」と記されてあるのを見て憤懣やるかたなくついに暗殺の暴挙に至ってしまった。これは新政府軍に弓引くことに他ならなかった。ところがその翌日、これを聞いた白石会議の重役衆は一同に快哉を叫んだという。それほどまでに世良は嫌われ

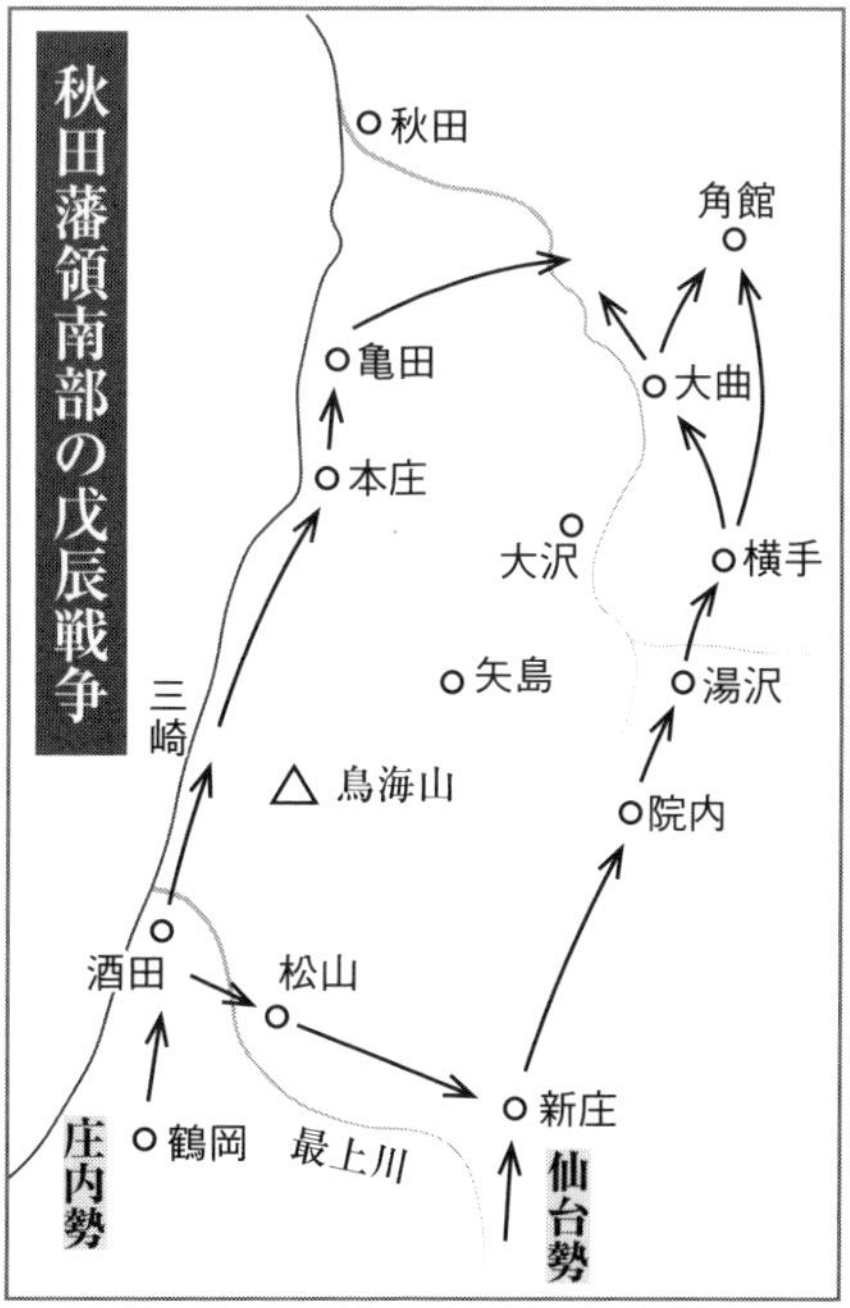

ていたのである。そしてこれ以降、重役会議の空気は一変する。

奥羽越列藩同盟

閏四月二十二日、重役衆は盟約を結び、庄内攻めの停戦、米沢藩による沢副総督の身柄拘束、沢配下の薩長勢の海路帰藩などを取り決める。さらに重役衆は、白石から仙台に会議の場を移し、九条総督を幽閉監視下に置いた。そして五月三日、奥羽二五藩の重役たちは全八カ条からなる盟約を結び、ここに奥羽列藩同盟が成立する。その主旨は、奥羽の鎮撫は加盟二五藩が自ら主体となっておこない、これを朝廷に建白し、共同歩調を第一として独自行動を取らず、同盟を分裂させ、あるいは同盟に違反した藩には厳罰を下すというものだった。

その直後、長岡藩や新発田藩など北越諸藩がこの同盟に加わり、奥羽越列藩同盟が結成される。すでに四月、江戸城は無血開城となり、新政府軍は会津に向けて北上を開始していた。いまだ交戦の姿勢を崩さない会津藩と勤王か佐幕かの旗色を明確にしない東北諸藩が新潟港を押さえて外国から武器を調達する事態を新政府側はおそれていた。そこで、新政府は北陸道にあった官軍に北越諸藩の平定と新潟港の奪取を命じた。長岡藩は最初、中立を模索したが、結局、反官軍と見なされ列藩同盟に加わって新政府軍と交戦状態となると、近隣の諸藩もこれに呼応して同盟側に加わるところとなった。

このころ、秋田藩は混乱の渦に巻き込まれる瀬戸際にあった。新庄に転陣した沢副総督は、秋田藩が庄内攻めに第一陣を出陣させた後の四月二十四日、薩長勢を率いて最上川沿いの清川口に庄内藩目掛けて奇襲攻撃を仕掛けたが惨敗して新庄に逃げ帰っていた。実は、このとき秋田藩の第二陣以下はまだ出陣しておらず、四陣揃って庄内攻撃に踏み切ったのは、ようやく閏四月十九日のことだった。しかも、第三陣が鳥海山を越え下って庄内側の増田村を奇襲したものの、海岸沿いから庄内を目指した主力部隊は、道に迷って庄内勢に不意を突かれたり、陣同士の連絡が混乱して相撃ちをしたりして久保田に逃げ帰る有り様だった。

世良が福島で斬られたころ、秋田藩は自ら庄内攻めの口火を切り惨敗したのだった。白石で一旦解兵を決めた東北諸藩は、秋田藩のこの動きには不審を感じたが、戸村家老が白石での盟約に署名している以上、沢副総督の身柄確保に向かった米沢藩に呼応して秋田藩が副総督を拘束し引き渡すものと考えていた。

沢副総督の秋田入領

このとき、同盟側の追っ手を察知した沢の一行は、総勢七〇〇名ほどで新庄を離れ秋田に向かうしかなかった。列藩同盟側は米沢藩だけでなく仙台藩も沢を追

庄内勢から見た三崎合戦図陣所
（鶴岡市郷土資料館蔵）

って兵を送ってきたし、庄内勢も清川口から新庄に迫ろうとしていた。沢は、五月一日、秋田藩の南の玄関口院内に入る。これを迎えた秋田勢は、矢島から鳥海山越の奇襲攻撃を仕掛けた庄内攻めの第三陣で、同じ日に湯沢に移っていた。翌五月二日、湯沢から院内に向かう途中、院内から羽州街道を北上する沢の一行と出会う。だが、ここで陣将梅津小太郎は自らに庄内攻撃を指令した新政府軍副総督の沢に対し、その身柄を拘束することはできなかった。

院内の所預大山義智《よしとも》も陣将梅津も戸村からの手紙で白石盟約の約定は承知していた。しかし、目の前に現れた沢は朝廷そのものであり、新政府軍が江戸城を開城させ、徳川慶喜を水戸に謹慎させたこの局面にあって、沢の身柄を拘束することはできなかった。何よりも沢の身柄拘束は、沢を護衛する薩長勢との即時交戦を意味したから、大山も梅津も簡単には決断できなかった。沢の護衛は薩長勢の他に福岡藩・弘前藩・亀田藩もそれぞれ一〇〇名から二〇〇名規模で参加しており、戦闘となると相当な混乱になることは間違いなかった。

一方、沢や参謀の大山たちは土崎湊より海路京都へ帰ると言ってみたり、津軽から松前に渡ってそこで帰京のための船を用立てると言って津軽藩兵を帰らせたりして、とにかく秋田藩には迷惑はかけぬと言って、この局面を何とか切り抜けようとしていた。

沢の一行は五月九日、久保田に着き藩校明徳館において藩主義堯が沢に面会す

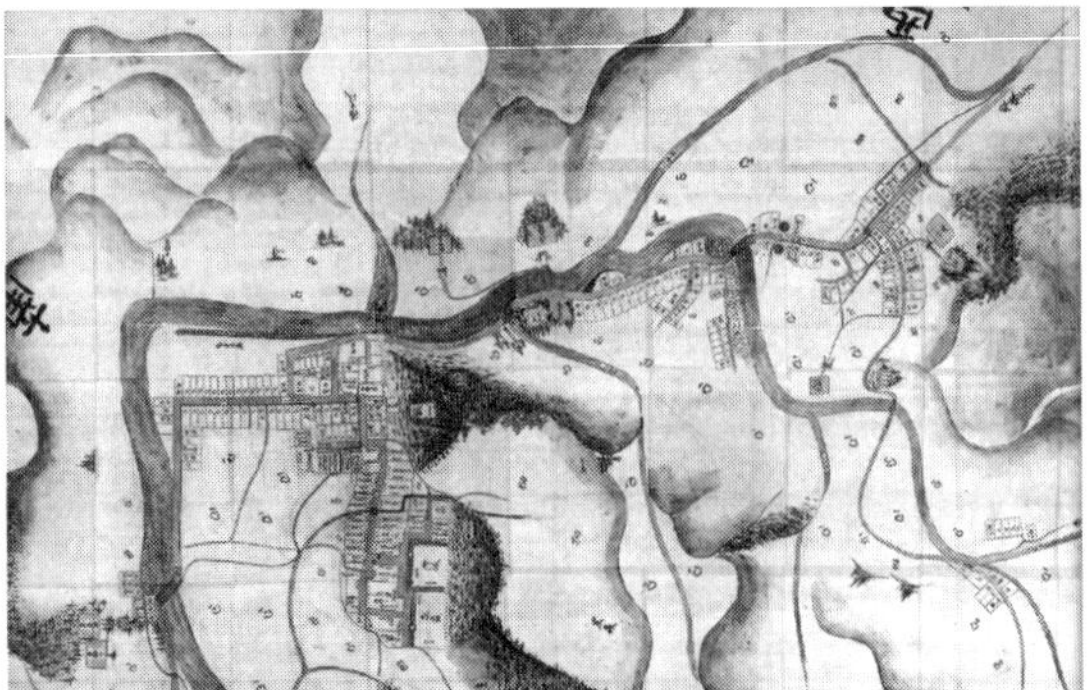

「院内一円之図」
（秋田県公文書館蔵）

る。そして、このあと秋田藩が沢一行のために用意した宿営地は久保田城下ではなかった。土崎湊の蒼龍寺とその近辺の民家が当てられ、沢は翌十日には同地を発って津軽に向けて転陣していった。

秋田藩の戊辰戦争に関する記録類は、明治になってから回想されたものが多く、列藩同盟側に付こうとした者たちと、新政府側に付いた者たち相互の功罪に関わって、ときどきの真実を正しく伝えていない記述が含まれている。義堯が沢に面会して何と言ったかはわからない。しかし、この一連の動きから判断して、秋田藩が沢の旗下となって列藩同盟に対峙する姿勢を明確にした、ということはなかった。この点は間違いないだろう。

秋田藩の支援が見込めない以上、沢は弘前藩に望みを託すより他なかった。しかし、その弘前藩は列藩同盟の盟約を重視し、羽州街道の藩境矢立峠で木々を切り倒して道を塞ぎ、沢一行の入領を拒んだ。弘前藩は同盟側から沢の引き渡しを求められる面倒に巻き込まれたくなかった。またこの間、沢を追いかけてきた米沢藩は、秋田藩境付近で秋田側に沢の引き渡しを求めて交渉を続けており、その使者が久保田にやってきたのは沢一行が土崎を発った直後のことだった。五月十一日、家老の戸村が仙台から帰藩し、同盟側の使者に応対したが、戸村は沢の一行が津軽に転陣したことを告げてひたすら弁明するばかりだった。

九条総督と沢副総督の合流

沢確保の失敗を責める仙台藩だったが、その仙台でも五月十八日、九条総督と醍醐参謀の脱出を許してしまう。九条は、奥羽鎮撫に失敗したからには秋田を経て海路帰京し、朝廷にこれを報告しなければならないと仙台藩に申し入れたのである。仙台にいた同盟諸藩の重役衆はこれに反対したが、なぜか仙台藩はこの申し出を認めてしまう。このとき仙台藩の藩論はまだ揺らいでいた。しかし、朝廷に提出した建白書の返答を待っているこの時期に、いつまでも九条総督を幽閉状態に置いておくことは反官軍の立場を公にするに等しかったから、取り敢えず総督の意に沿って帰京してもらうという結論に辿り着いたのである。

仙台を脱出した九条総督の一行は、出羽の混乱を見て盛岡経由で秋田に向かおうとした。だが、盛岡藩の対応も仙台藩と同じだった。一行に滞留されては問題をこじらせるだけだから、とにかく速やかな領内通過を願った。一方の秋田藩側も総督の入領を好むものではなかったが、海路帰京との理由であればこれを拒むことはできなかった。そのころ津軽行きを阻まれた沢の一行は大館城下に滞留した後、船で津軽に向かうべく能代に移動していた。そこに九条が秋田に向かったとの知らせが入り、沢は作戦を変えて九条と合流することにした。七月一日、両

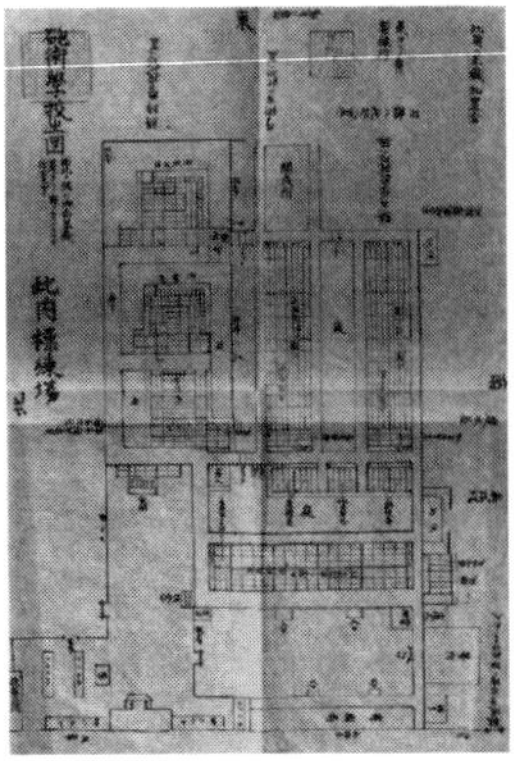

砲術館平面図
（秋田県公文書館蔵）

者は久保田に合流し、ここで久保田は奥羽鎮撫総督府の陣所となった。

秋田藩はここに至ってもなお、列藩同盟を重視する勢力と、九条総督のもと新政府軍として動こうとする勢力とが拮抗し、藩論は定まっていなかった。その状況を見た総督軍は、秋田藩の支援を得て庄内を征討し、奥羽鎮撫の使命を果たせるのではないかと考えはじめる。また、列藩同盟側も秋田藩が同盟を離脱するのではないかとおそれ、説得のため仙台藩士六名を久保田に派遣してきた。こうして藩主義堯も家老たち重役衆も態度を決めかね悶々とする中、藩の若者たちが決起した。それは西洋砲術を学ぼうと砲術館に集まった下級藩士たちで、新政府軍の立場を明確にする者たちだった。

七月三日、彼らは家老宅を訪れ、朝命遵守、仙台藩士の退去を主張して藩主の了解を得られるよう家老に働きかけを求めた。家老小野岡義礼は砲術所藩士たちの説得に押され、その日の深夜、城に上って義堯に面会する。ここで義堯は遂に腹をくくり、庄内征討の先鋒となることを決断する。これを聞いた砲術館の若者たちは、翌四日、仙台藩士の宿所を襲い六名を斬殺してしまう。これにより秋田藩の同盟離脱は確定し、秋田戊辰戦争が開始される。

七月六日、沢副総督指揮のもと新政府の軍勢は院内口の守衛に向かい、翌七日には秋田藩勢の主力が由利から庄内攻めに出陣した。対する列藩同盟側は仙台・一関・新庄・庄内などの連合で院内口から秋田領に侵攻する一方、庄内藩はいち早く矢島を押さえ、そこを前線基地として海岸部を北上した。戦況は総じて秋田藩側の劣勢の内に推移し、院内・湯沢はまたたく間に占拠された。八月十一日には横手城も陥落し、沢は横手から大曲、神宮寺へと退去を余儀なくされる。そこへ海路土崎に上陸した佐賀・大村・島原・平戸・佐土原などの諸藩兵からなる官軍が援軍にかけつけ、一時は勢いを盛り返した。

だが、海岸部を北上して本荘から亀田を攻め落とした庄内軍が、秋田藩の主力部隊を撃破する。庄内勢はさらに神宮寺を背後から攻めたため、沢はここを放棄して角館に移った。だがすぐにそこも捨てて阿仁に逃げ出す有り様だった。一方、藩領北部では、八月九日、盛岡藩勢が鹿角から十二所に侵攻し、二十二日には大館城に火を放って攻略すると、秋田勢は荷上場まで撤退を余儀なくされた。また、同二十八日、盛岡藩は国見峠を越えて田沢湖南方の生保内村にも侵攻するが、これは秋田勢の反撃にあって退去した。

九月に入ると、秋田勢の敗色は一層濃厚となる。ところが、もうあと二、三日もすれば久保田も総攻撃されると思われたころ、仙台・庄内の連合軍は密かに撤退を始めた。江戸から北上を続けていた新政府軍は、列藩同盟側の諸藩を次々と攻略し、会津攻めに全力を注ごうとする中、九月十日には仙台藩が新政府に降参した。すると庄内勢は国許の守りを固めるべく同十七日には秋田領から撤退を始め、会津藩が降伏した二日後の同二十四日、ついに庄内藩も新政府軍に降った。こう

五丁目橋の仙台藩士供養碑

して秋田戊辰戦争は終結する。

秋田県の誕生

この戦争とそこに至る政治過程を振り返るとき、新政府から朝敵とされた庄内藩を征討するよう命じられた秋田藩の宿命を感じないわけにはいかない。会津征討を命じられた仙台藩を米沢・盛岡両藩と共に輔翼《ほよく》せよと命じられながら、その一方で出羽国の大藩であるがゆえに本荘藩や亀田藩を指揮して庄内を討てと指令されたのである。従わざるを得ない朝命と、武力征討を納得できない心情とに悩まされ続けた秋田藩の苦悩は察して余りある。

戦局はほぼ連戦連敗だった。秋田藩は、本来二十万石の大名にふさわしい軍備を整えておくべきだった。しかし、名君とうたわれる九代藩主佐竹義和以降、幼君が続いて国許の家老たちは積極策を打ち出せず、家老間の権力闘争もあった。そこに宗家を支える佐竹苗字衆の弱体化も手伝い、秋田藩は財政再建の有効策を打ち出せないまま幕末期の混乱に突入してしまった。ここにこそ刷新を志向し得ない真の要因があったと考えてよいだろう。

戊辰戦争のさなか、九月八日、慶応四年は改元されて明治元年となった。その十月、新政府はそれまでの藩を利用して地方を治める方針を固める。翌明治二年

西南諸藩の援軍兵士
(秋田県公文書館蔵)

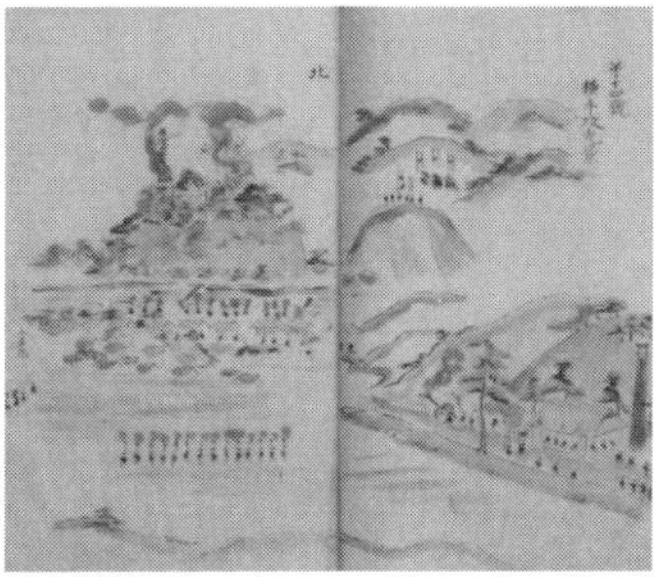

横手城落城
(松森昌保氏蔵)

（一八六九）六月、版籍奉還を実施するため各藩の名称を正式に決めることにした。このとき、それまで大名佐竹氏が治めてきた統治機関の名称は久保田藩と決まり、同時に大名の称は廃止されて華族となり、旧藩主が務める藩の長官は知藩事と定められた。ここに、華族となった佐竹義堯が知藩事となって治める久保田藩が成立した。また、佐竹宗家を支えてきた分家大名の佐竹壱岐守家は、明治三年二月、岩崎藩が設置されて当主の佐竹義理《よしただ》がその知藩事に任命された。そして、明治四年一月、久保田藩は秋田藩と藩名を変更するが、その七月、廃藩置県により藩はなくなって県となる。

　こうして、旧秋田藩の領域に秋田県と岩崎県が生まれ、亀田・本荘・矢島の各藩は亀田県と本荘県、そして矢島県となった。また、旧仁賀保領は酒田藩を経て山形県に編入された。そして、四カ月後の明治四年十一月、全国規模で各地の県は改編される。当地ではこれらの諸県と一時期は山形県となった仁賀保領、それに江戸時代には盛岡藩領だった陸奥国鹿角郡が併合され、現在に至る秋田県が成立した。このとき、知藩事は廃止されて新たに県令が任命され、佐竹義堯は知藩事の職を解かれた。そして、明治五年三月、佐賀藩出身の島義勇《しまよしたけ》★が初代秋田県令として着任し、近代の秋田県が動き始めるのだった。

十二代藩主佐竹義堯
（天徳寺蔵）

▼**島義勇**
一八二二―一八七四。戊辰戦争に従軍したのち明治二年、北海道開拓使に登用される。明治五年七月、秋田県令を退官し、同七年、江藤新平の佐賀の乱に加わって斬首された。

これも秋田

秋田の祭り

西馬音内盆踊り

国の重要無形民俗文化財、羽後町西馬音内の盆踊りは、八月十六日から三日間、毎夜日没とともに開始される。羽後町は湯沢市の西方約九キロメートルほどに位置し、人口は約一万五千人、江戸時代には定期市が開かれた在町で、武士は住んでいなかった。町を東西に貫く本町通りが盆踊りの会場で、夕暮れが近づくとセンターラインに砂をまいて白線を消し、そこに点々と篝火を灯す。やがて日が暮れ、踊り手たちは端縫いの衣装や藍染めの浴衣に身を包み、篝火に照らされながら囃子の音色に合わせて約三〇〇メートルほど続く通りをゆっくりと踊っていく。目だけをくりぬいた黒布の彦三頭巾や編み笠で顔を隠し、指先をしならせて踊る所作は優雅で美しく、かつ幽玄で亡者の霊を鎮める送り盆にふさわしい。そこに豊年祭りが合わさったともいわれ、村人たちの七〇〇年に及ぶ奥深い歴史と文化が偲ばれる。

（写真提供＝秋田県観光連盟）

大曲の花火

大曲の花火は大仙市大曲の雄物川河川緑地運動公園を会場に毎年八月最後の土曜日に開催される。正式には全国花火競技大会といい、単なる花火鑑賞会ではなく、全国から選抜された煙火業者が部門ごとに技を競う合う競技会になっている。歴史は古く二〇一九年には第九三回を数え、総打上数は約一万八千発、観客数は七〇万人を超える全国有数の花火大会である。圧巻は夜の創造花火で、音楽を交えながら色とりどりに夜空高く打ち上げられる。花火師たちの技術の粋を集めた花火が見る者を圧倒する。地域活性化事業の成功例ともいわれ、近年は春の章、秋の章と称して五月と十月にも花火を催し、二〇一八年には市が花火伝統文化継承資料館を開設して一層の普及に努めている。

（写真提供＝秋田県観光連盟）

横手のかまくら

横手の「かまくら」は雪国秋田の冬を代表する祭りで例年多くの観光客を集めている。室町時代に起源を持つといわれる小正月行事で、例年二月十五日と十六日の二日間おこなわれる。高さ二メートルを超えるほどに雪を円柱状に押し固めて雪室をつくり、その中に祭壇を設けて水神様をまつり、子供たちが夜この雪室に明かりを灯して「入ってたんせ」と言って客に甘酒や餅を振る舞う素朴な祭り。江戸時代には正月飾りを燃やす左義長の祭りだったようで、横手城を預かる城代の戸村氏も旧暦正月十四日の朝、門松を取り払わせ、その夜、家臣を連れて見物に出かけている。明治になってこれに水神の祀りが合わさって変化し、さらに昭和になって子供の行事となり、戦後、今の形となって定着した。

（写真提供＝秋田県観光連盟）

エピローグ

秋田藩が残したもの

秋田県民は新しいものが好きだ。その証拠にかつての城下町を見渡しても古いものはほとんど残っていない。石垣も天守もなかった城跡には本丸北西隅に鉄筋コンクリート製の御隅櫓《すみやぐら》が建ち、本丸に威容を誇る表門は、千秋公園整備の一環で作られたもので、考証に基づく復元ではない。その表門を警備する詰所だった御物頭《おものがしら》御番所《ごばんしょ》がただひとつ当時の姿を今に伝えている。

一方で、秋田藩は私たちに大変貴重な文化遺産を残してくれた。歴史資料である。地上の構造物は失われてないが、歴史を伝える文書や絵図類に関しては膨大な量が残されている。その多くは藩庁に残された藩政史料で、それに続く形で明治以来の秋田県庁文書も膨大な量が残されている。これは全国的に見ても非常に貴重なものである。その中に「日記」と記された藩士の勤務日誌が充実しているのも特徴で、久保田の藩庁に限らず、角館の北家では「北家日記」を、湯沢では「南家日記」をそれぞれ書き残している。また、元禄と文化の二度にわたって提出された藩士の系譜が、いろは順に整理されている。これと明治政府の秩禄処分に伴って作成された家臣の書状を見れば、秋田藩士の大部分を突き止めることができる。

これらの藩庁文書と県庁文書は、旧県庁の記録保管庫から明治三十二年（一八九九）に開設された旧県立図書館を経て、現在は平成五年（一九九三）に開館した秋田県公文書館に引き継がれ、広く県民の利用に供されている。秋田県公文書館は、将来の歴史史料となる行政文書と地域史料を含む藩庁文書を一元的に管理保管し、利用の促進を図る機関で、その開館は東北地方では初の試みだった。大名佐竹家に伝えられた資料を引き継ぐ東京九段下の一般財団法人千秋文庫と共に、私たちは貴重な文化遺産の恩恵に与っている。

平成二十九年、大仙市は大仙市アーカイブズを開館した。これは、歴史史料を重んじる気風が今も県民に息づいている証しだろう。大仙市は日々作り出される行政文書と、地域に伝えられた歴史史料を共に保存し活用する事業に取り組んでいる。東北・北海道地域の市町村レベルではまだ例がなく、ここにも進取の気性が存分に発揮されている。

鉱山資源の宝庫だった秋田藩は、明治になって盛岡藩領だった鹿角郡を編入して秋田県となると、国の支援を受けつつ西洋の近代技術を積極的に鉱山開発に投入して小坂《こさか》・花岡《はなおか》・尾去沢《おさりざわ》などの鉱山が増産を続けた。鉱山開発は国策に沿うもので、終戦間際には強制連行された中国人労働者による花岡事件も起こったが、鉱山業が秋田県経済を牽引したのは確かだった。明治三十八年に建設された旧小坂鉱山事務所はルネサンス様式の外観で国の重要文化財に指定されている。また、秋田藩領だった阿仁鉱山にもドイツ人技師が招かれ、明治十五年に建てられた旧阿仁鉱山外国人官舎も重要文化財となっている。

あとがき

執筆の依頼を受けてからすべての原稿を書き終えるまで、実に多くの時間を費やしてしまった。この間、菊地泰博社長をはじめ現代書館の皆様には多大な迷惑をおかけして返す言葉もない。

「地元の人が読んで元気になるような本にしてください。」と、遅筆の催促に菊地社長から激励とも叱咤ともとれぬ言葉をいただき、正直困った。執筆の途中で自分の書いた文章を読み返すと、秋田藩政はいつも直面する課題を抱えていて、その問題が解決されないまま次なる新たな難題が立ち現れ、それに対処せざるを得ない局面が連続していく、そんな秋田藩政が浮き彫りになっている。これでは、「難しすぎる」と社長が言うのももっともで、それが「書き直しなさい」の意であることはわかっている。しかし、それは出来なかった。まずは真実に正面から向き合うのが歴史学の出発点だから。

本書の難しさは他にもあった。実名表記の原則である。まして、その読み、となるとわからないというのがほとんどだ。江戸時代の武士が、一体どれくらい他人の実名を知っていたのだろうか。まして、過去の人となるとどうだろう。自家の先祖でさえ、系譜には書き表せても、その読み方となると、もはやわからなくなっている、ということは意外とあることだった。同時代の人も、過去の人も、武士たちはみな幼名なり通称なりで認識し合っていたのだから。

一般書においてもそうだ。たとえば、九代藩主佐竹義和の寛政改革を支え、次の十代藩主義厚のもとで藩政に重きをなした金易右衛門は多くの人に知られた存在だが、それを金秀興と書いたのでは、おそらく大多数にはわかってもらえない。同じ例はいくらでもあり、むしろその方が普通だ。しかし本書では、シリーズの原則に従って実名を表記し、知られている範囲で読みを付した。これには相当の時間と労力・神経を費やして大変だった。ただ、金易右衛門については秀興とはせず通称のままとした。

掲載写真にこれほどまで自ら関わるとは当初考えてもいなかった。自分で撮影した写真がたくさん使われ、うれしくもあり、撮影時を思い出し懐かしくもあり、不思議な気分だ。そのひとつ、千秋公園入り口にある「久保田城跡」の石碑は悩ましい。本書では混乱を避け、高清水の岡にあった古代の秋田城と区別して久保田城の表記で統一したが、当時の人たちが、この城をなんと呼んでいたか疑問に思っている。歴史用語として久保田城の名称が適切か、この点は考えなければならない。

最後に、長い間ご迷惑をおかけした菊地社長に心からのお詫びと感謝の意を表し筆を擱く。

二〇一九年七月　　渡辺英夫

参考及び引用文献

『大日本古記録　梅津政景日記　一～九』（東京大学史料編纂所　昭和五十九年）
『佐竹家譜　上中下』（原武男校訂　平成元年）
『国典類抄　第一巻～第十九巻』（秋田県立図書館　昭和五十三年～昭和五十九年）
『御亀鑑　第一巻～第七巻』（秋田県立図書館・秋田県公文書館　昭和六十三年～平成七年）
『秋田藩町触集　上中下』（今村義孝編　昭和四十六年～四十八年）
『宇都宮孟綱日記　第一巻～第八巻』（秋田県・秋田県公文書館　平成十八年～平成二十五年）
『渋江和光日記　第一巻～第十二巻』（秋田県・秋田県教育委員会　平成八年～平成十七年）
『新編　佐竹七家系図』（渡辺喜一編　平成五年）
『秋田市史　第三巻　近世通史編』（秋田市　平成十五年）
『秋田市史　第九巻　近世史料編上』（秋田市　平成九年）
『秋田市史　第十巻　近世史料編下』（秋田市　平成十一年）
『図説　秋田市の歴史』（秋田市　平成十七年）
『横手市史　通史編　近世』（横手市　平成二十二年）
『横手市史　史料編　近世Ⅰ』（横手市　平成十九年）
『横手市史　史料編　近世Ⅱ』（横手市　平成二十一年）
『図録　ゆざわの文化財』（湯沢市教育委員会　平成四年）
『能代市史　通史編Ⅱ　近世』（能代市　平成三十年）
『秋田県立博物館　総合案内』（秋田県立博物館　昭和六十二年）
『北方文化のかたち・アイヌ文化展』（秋田県立博物館　平成六年）
『絵図をよむ』（秋田県立博物館　平成八年）
『真澄紀行』（秋田県立博物館　平成八年）
橋本宗彦『秋田沿革史大成　上下』（加賀谷書店　昭和四十八年）
渡邉喜一編『新編　佐竹氏一門・系図』（東洋書院　平成十六年）
塩谷順耳他『秋田県の歴史』（山川出版社　平成十三年）
田口勝一郎編『図説　秋田県の歴史』（河出書房新社　昭和六十二年）
田口勝一郎編『秋田県の百年』（山川出版社　昭和五十八年）
加藤民夫『秋田藩校　明徳館の研究』（株式会社カッパンプラン　平成九年）
江差町教育委員会編『北前船』（北前船編集委員会　昭和六十一年）

渡辺英夫（わたなべ・ひでお）
一九五六年（昭和三十一）栃木県小山市生まれ。秋田大学教育学部教授、博士（文学）。秋田大学史学会会長。
著書に『近世利根川水運史の研究』、『東廻海運史の研究』、『秋田県の歴史』（共著）、『秋田の近世近代』（編著）など。

シリーズ藩《はん》物《もの》語《がたり》 **秋《あき》田《た》藩《はん》**

二〇一九年八月二十五日 第一版第一刷発行

著者――渡辺英夫
発行者――菊地泰博
発行所――株式会社 現代書館
東京都千代田区飯田橋三―二―五 郵便番号 １０２－００７２ http://www.gendaishokan.co.jp/
電話 ０３－３２２１－１３２１ ＦＡＸ ０３－３２６２－５９０６ 振替 ００１２０－３－８３７２５
組版――デザイン・編集室 エディット
装丁・基本デザイン――伊藤滋章（基本デザイン・中山銀士）
印刷――平河工業社（本文）東光印刷所（カバー・表紙・見返し・帯）
製本――積信堂
編集協力――黒澤 務
校正協力――高梨恵一

江戸末期の各藩

松前、**八戸**、七戸、黒石、**弘前**、**盛岡**、**一関**、**秋田**、亀田、本荘、秋田新田、仙台、松山、**新庄**、**庄内**、天童、長瀞、**山形**、上山、**米沢**、米沢新田、相馬、福島、**二本松**、三春、**会津**、**守山**、棚倉、平、湯長谷、泉、**村上**、黒川、三日市、**新発田**、村松、三根山、与板、**長岡**、椎谷、**高田**、糸魚川、松岡、笠間、宍戸、**水戸**、下館、結城、**古河**、下妻、府中、土浦、麻生、谷田部、牛久、大田原、黒羽、烏山、喜連川、**宇都宮・高徳**、**壬生**、吹上、**足利**、佐野、関宿、高岡、佐倉、小見川、多古、一宮、**生実**、鶴牧、久留里、大多喜、請西、飯野、佐貫、勝山、館山、岩槻、忍、岡部、**川越**、沼田、前橋、**伊勢崎**、館林、高崎、吉井、小幡、安中、七日市、飯山、須坂、**松代**、**上田**、**小諸**、岩村田、田野口、**松本**、諏訪、**高遠**、飯田、金沢、荻野山中、**小田原**、**沼津**、小島、田中、掛川、**相良**、横須賀、浜松、富山、加賀、大聖寺、郡上、高富、苗木、岩村、加納、大垣、高須、今尾、犬山、挙母、岡崎、西大平、西尾、**三河吉田**、田原、大垣新田、尾張、**刈谷**、西端、長島、**桑名**、神戸、菰野、亀山、津、久居、鳥羽、宮川、彦根、大溝、山上、西大路、三上、膳所、水口、丸岡、勝山、大野、**福井**、鯖江、敦賀、小浜、**淀**、新宮、田辺、紀州、峯山、宮津、田辺、綾部、山家、園部、亀山、福知山、柳生、柳本、芝村、郡山、小泉、櫛羅、高取、高槻、麻田、丹南、狭山、岸和田、伯太、豊岡、出石、柏原、篠山、尼崎、三田、三草、明石、小野、姫路、林田、安志、龍野、山崎、三日月、赤穂、鳥取、若桜、鹿野、**津山**、勝山、新見、岡山、庭瀬、足守、岡田、岡山新田、浅尾、松山、鴨方、福山、広島、広島新田、高松、丸亀、多度津、西条、小松、今治、松山、**大洲・新谷**、**伊予吉田**、**宇和島**、徳島、**土佐**、土佐新田、**松江**、広瀬、母里、浜田、津和野、岩国、徳山、長州、長府、清末、小倉、小倉新田、**福岡**、**秋月**、**久留米**、柳河、**三池**、蓮池、唐津、**佐賀**、**小城**、鹿島、大村、島原、平戸、平戸新田、**中津**、杵築、日出、**府内**、臼杵、**佐伯**、森、**岡**、熊本、熊本新田、宇土、人吉、延岡、高鍋、佐土原、飫肥、薩摩、対馬、五島（各藩名は版籍奉還時を基準とし、藩主家名ではなく、地名で統一した）

★**太字は既刊**

シリーズ藩物語・別冊『それぞれの戊辰戦争』（佐藤竜一著、一六〇〇円＋税）

江戸末期の各藩

（数字は万石。万石以下は四捨五入）